From Kant to Hegel:
An Introduction to German Philosophy
[Revised Edition]
Iwasaki, Takeo
University of Tokyo Press, 2023
ISBN 978-4-13-013153-7

哲学者との対話としての哲学史——本書を読むために

納富信留

『カントからヘーゲルへ』は、カントからフィヒテ、シェリング、ヘーゲルへとつづく一八世紀後半から一九世紀前半のドイツ哲学を紹介する、哲学史の名著である。

本書を読んで西洋哲学の一つの頂点というべきこの時代を学ぶことは、今哲学をする私たちに大きな知恵と力とを与えてくれるはずである。まずは、すなおに著者の岩崎武雄の叙述に導かれて、彼らの躍動する思索を味わい、追体験し、疑問に思ったり同意したり批判したりして、各人が哲学を楽しんでいただきたい。本書で論じられる哲学者たちの著作にはすでに多くの日本語訳があり、書店や図書館でかんたんに手に入る。気になる哲学書のページを、ぜひ開いて見ていただきたい。だが、岩崎が「ごく大まかな案内図の役目を果たすにとどまる」（五二頁）と述べるように、哲学史を論じる書物は基本的に哲学への導き手に過ぎない、その点もしっかり認識しておきたい。

本稿で示すべきは、そんな哲学史を読む意義と心構えであろう。

＊

日本では明治期に西洋哲学が導入されてから、哲学の歴史について日本語で数多くの本が書かれ、読まれてきた。だが、哲学史はどれも同じ、といったことは決してない。何よりも、哲学史の叙述には優れたものとそうでないものがある。その基準は、端的に言えば、著者がその哲学者や哲学書とどれほど対話してきたかにある。本書について言えば、カントやヘーゲルの哲学に長年正面から向き合ってきた岩崎が、深い読解に裏打ちされた自身の思索から、広く一般読者に彼らの哲学を紹介する語り口で際立っている。本書は「わが国におけるいわゆるドイツ観念論の移入と研究の歴史の中で、ひときわユニークな一つの書物」（坂部恵「解説」二六七頁）とされ、それ自体が優れた一つの哲学著作となっている。私たちは岩崎の案内によって、カント、フィヒテ、シェリング、ヘーゲルが生きる哲学の現場へと導かれるのである。

同じ対象を扱っていても、哲学史の叙述は個々に大きく異なる。過去の哲学者や思想はそれを論じる時代や関心におうじて、大きく意義が変わるからである。ある哲学者が、多大な貢献をなしたと肯定されることも、後世に課題を残したと否定されることもある。また、一つの時代に賛否の対極的な評価がくだされることもある。ドイツ観念論についても、合理主義が発展した西洋哲学の最高峰と目されることもあれば、空疎な思弁が極まった近代の行き詰まりと批判されることもある。それらをどう見るかは、その時代が現代との関係でどう浮かび上がるかによる。しかし、だからといって、各時代の人々が勝手な見方をして良いということではない。できるだけ正確な読解と忠実な理解において、現在との距離を意識した冷静な見定めが必要なのである。

哲学史の変化は、論じる時代だけでなく、専門研究の進展に関わる。ある時点での限定的な描像は、歴史資料や文献の精査、思想相互の関係の解明をつうじて、より正しい見方へと進んでいく。見方の進展は哲学研究の成果であり、哲学史の論述はそれを反映させる。その意味で、本書が扱ったカントからヘーゲルまでの哲学史も、岩崎の後を継ぐ研究者たちによって大きく展開し、修正や転換を迫られている。

カントについては岩崎の薫陶を受けた坂部恵『理性の不安——カント哲学の生成と構造』（勁草書房、一九七六年）をはじめとする一連のカント論が、ヘーゲルについては体系家としての哲学者像に根本的な見直しを強いた加藤尚武『ヘーゲル哲学の形成と原理——理念的なものと経験的なものの交差』（未來社、一九八〇年）と、さらにそれを超えようとする近年の文献学的研究が注目される。坂部と加藤の名を挙げたのは、この二人こそカントとヘーゲルという大哲学者が背負ってきた虚像を徹底的に吟味し、その奥に真の哲学者の姿を示して自ら哲学を進めてきた代表だからである。二〇世紀後半に執筆された論考からなる本書『カントからヘーゲルへ』は、その後、半世紀以上にわたり哲学史研究という学問領域で次世代から多くの挑戦を受けてきたことを、はっきりと認識しておきたい。だが、まさに哲学史をめぐるそうした開かれた議論の場を設えた点で、岩崎の仕事は大きな役割を果たした。

そして何よりも、哲学史が多様であるのは、それが書き手の哲学そのものだからである。本書の特徴は、哲学者たちの生涯や著作についての具体的で生き生きとした説明、そこで展開される思想の枠組みを語る明快な言葉にある。カントは近世哲学の課題に直面し、批判という方法によって理性の限界を示し、実践とを切り分ける哲学を打ち立てた。フィヒテはその哲学に出会い、カントが区別した理論と実践の統一と根源を目指し、神的自我へと考察を進めた。シェリングはフィヒテを超えて自然に注目し、同一哲学へと向かい、さらには非合理を取り入れていった。そして、ヘーゲルはシェリングとの協働から始めながら、宗教の考察から国家、歴史の法則へと独自の哲学を展開していく。こうした動的な歴史は、哲学者たちが相互にぶつかり浸透し共鳴し合い、袂を分かちながらも大きな問いに向かって共に全力をつくして思索していく、彼らの生そのもの、時代のうねりを示している。

歴史の頂点ともいえるこの時代のドイツ哲学をめぐって、本書は神秘化や難解さによる誤魔化しを断固拒否し、私たちに理解可能な人間の哲学を示していく。そんなカント哲学、ヘーゲル哲学は、私たちが安易に期待してしまうドイツ哲学の深遠で人を寄せ付けない荘厳さを欠く単純素朴なものに見えるかもしれない。だが、ここで描かれる人間の有限性への自覚は、岩崎自身の哲学であり、それを追究する議論は彼の哲学の実践であった。私たちは、カント、フィヒテ、シェリング、ヘーゲルときびしい対話をくりひろげながら自らの哲学を語ってきた岩崎と、今ここで対話しつつ、自身で世界と現実に向き合う哲学を実践しなければならない。

＊＊

岩崎武雄は一九一三年に東京で生まれ、戦前に東京帝国大学の文学部哲学科を卒業した。従軍体験を経て復員後に学問に戻り、一九四七年に東京大学文学部助教授、五六年に同教授となり、七四年に定年退官するまで、哲学研究室で研究と教育にあたった。その間、一九六九年四月から文学部長となるが、安田講堂攻防の余波がつよく残る東大で闘争学生に対峙して補習授業を敢行し、同年八月にやむなく学部長職を辞任する。一九七三年からは日本哲学会の会長を務めるなど、日本の哲学界をリードする中心的存在であった。定年後に集中して執筆した「哲学体系」のうち第一部『真理論』(東京大学出版会)を刊行後、一九七六年一〇月に急逝した。

カントらの哲学に正面から向き合いつつも、岩崎はつねに「引用のない論文」、つまり、過去の哲学者に言及せずにすべて自身の言葉で論じる体系的哲学を目指していたという。だが、それを可能にするのは、まさにカントやフィヒテやシェリングやヘーゲルらと徹底的に対話し、彼らの思索を批判しながら自己を吟味する、哲学の訓練と実践であった。『カントからヘーゲルへ』にはそんな岩崎の哲学の基盤が、平易にかつ明瞭に示されている。

＊＊＊

最後に、紹介者としての分を越えて、あえて個人的な思い出に触れさせていただきたい。一九七九年の夏、中学三年生であった私は、夏休みの読書で岩崎武雄『哲学のすすめ』(講談社現代新書、一九六六年)を読んだ。将来進むべき道、自分がどう生きるのかに漠然と大きな不安を抱えていた私は、たまたま書店で手に取った、その哲学の入門書に目を啓かれた。何をなすべきか、根本的なものとは何か、そんな問いの只中で彷徨っていた私は、「正しい価値判断に基づいた人生観をもつこと」がそれであり、それをもたらす力が「哲学」である、そう知った。読後、これほど明快にかつ直裁に哲学というものを若者に示してくださる岩崎武雄という哲学者にお会いしたかった。だが、その時点ですでに物故されている事実を知り、とても残念に思った。

それから四十数年、曲折を経ながら哲学の道を歩み、プラトンをはじめとするギリシア哲学を専門として、岩崎がかつて教えた哲学研究室で教え、文学部長、哲学会理事長、日本哲学会会長といったまったく同じ役職を務めながら、先生の年齢に近づいている私自身を顧みて、不思議な思いに打たれる。あの夏の日に岩崎武雄『哲学のすすめ』を手に取り哲学と出会い、世界が一気に開ける壮快な読書経験をしなかったら、その後の私の人生はどうなっていたのか。そこで一人の中学生に哲学をすすめ、正しく魂を向けかえてくれた平易で明快な語り、なんの衒いも権威ぶりもなく、ただただひたすらに哲学をして生きる、一人の哲学者の澄み切った声を聞くことがなかったら、今の私はないと思う。

私は岩崎武雄にお会いすることはできなかった。だが、そうして進学した本郷の哲学研究室で指導教員になってくださった坂部恵は、従来のカント解釈を越えて新たな哲学史を切り開く、岩崎の後継者の一人だった。今は亡き坂部が師について綴った、めずらしく力をこめた次の一文が、こうして私たちが今も著作を通じて対話し、一緒に哲学をしていく道を示している。

「平易明快で定評のある著者の文章も、有限者としての人間の境位についての透徹した思索と信念の裏うちあれば、そのものであることに、いまこそひとは思いいたるべきであろう。」(『岩崎武雄著作集』第四巻、坂部恵「解説」、一九八一年執筆)

皆さんも、ぜひ本書の著者・岩崎武雄の言葉に耳を傾け、カントやフィヒテやシェリングやヘーゲルの声を聞いて、有限なる人間のあいだで交わされる哲学の対話に参加していただきたい。正しく考え、より善く生きるために。

(のうとみ・のぶる　東京大学教授・哲学)

カントからヘーゲルへ　新版　目次

第一章　カント

1　カント哲学の背景と意図

近世哲学の特徴

西洋思想の流れのなかで、近世思想を古代および中世の思想から区別せしめる根本的な特徴が、近世にいたって人間が自己の価値を新しく自覚し、人間的立場に立っていっさいを考えなおすようになったという点に存することは一般に認められるところであろう。中世においては言うまでもなくキリスト教の権威は絶対であり、その教義に反することは決して認められることができなかった。もしも学問的探求によってキリスト教の教義と合致しない結論が生じたならば、まさにそのゆえにその学問的探求は誤っていると考えられたのである。教義はたとえそれが人間の理性にとって理解しがたいものであっても、決してそれについて疑うことは許されないものであった。もとより人間があくまでも理性的に納得しうるものを求めようとすることは人間にとっての自然的傾向であり、したがって中世においてもキリスト教の教義を理性的に基礎づけようとする努力が行なわれなかったのではない。いわゆるスコラ哲学は元来この努力のために生じたのであると言いうるであろう。しかしそれにしても、その場合の目標はキリスト教の教義の基礎づけであり、すなわち学問の探求の結論ははじめから決まっていたのである。あらかじめ定められた結論に到達できない場合には、その学問的探求は意味を持たないのであった。このような中世の考え方の根底には、人間が神の前にあって何ら積極的意義を持つものではないという人間に対する根本的な考え方が存していることは言うまでもないであろう。人間は罪深いもの、神によって救われるべきものであった。キリスト教の教義を疑うことは人間にとって絶対に許されないことであったのである。

しかるに近世にいたるとこの人間に対する根本的な考え方が変化してくる。すでにスコラ哲学の末期になると、キリスト教の教義を学問的・理性的に基礎づけることが不可能であるということ、いなさらに進んでキリスト教の教義は学問的な探求と相矛盾するものであることが自覚され、ついにウィリアム・オッカムにいたって神学と哲学、あるいは信仰と学問とは本来全く相異なる性格のものであると考えられるようになったのである。もとよりオッカムの場合、その思想の目的とするところはキリスト教の信仰を学問的立場からの攻撃から守ろうとすることであった。もしも信仰と学問とが本来相異なったものであるとするならば、学問的にキリスト教の教義と矛盾するような結論が出てこようとも、教義の権威はそれによって少しも傷つかないからである。しかしとにかくスコラ哲学の内部でこのような思想が生じてきたということは、すでに時代の流れを示しているであろう。このような考え方が出てくれば、信仰上の事柄は別として、少なくとも学問の領域においては何らキリスト教の教義を顧慮することなく、自由な研究を行なうことが可能となる。結論を予想しない学問的探求が可能となってくる。かくして近世初頭ルネッサンスの時代になると、キリスト教的伝統を離れて、古代思想とくにギリシア思想を新しく研究するようになり、このような研究を通じて次第に人間のもつ積極的価値を自覚するようになり、ここにいわゆる近世が形成されるのであるが、この近世思想の根本的立場はそれが古代思想の研究を通じて生じてきたものであると言っても、古代思想の立場とも全く異なるものであった。ギリシア思想においてはなるほど確かに中世のキリスト教思想におけるがごとき人間の価値の否定という考え方は存在しない。そこでは人間は本来罪深いものであるという考えは存せず、むしろ人間の価値は明るく肯定されていたと言うことができるであろう。しかしそこでは人間は人間を包んだより大きなものの持つ力によって支配されてしまうものである、という考え方が強く存在していたように思われる。たとえばギリシアの初期の哲学においては人間と自然との間には本質的な相違が存しないと考えられていた。自然は生命を持つもの、生けるものであり、したがってそれは人間以下のものではなく、むしろ人間以上のものであった。人間はこの自然の一部であるにすぎず、自然の奥底に存する力は結局人間をも支配し、人間はついにこの支配を脱し得ないものと考えられていたのである。これに対して近世の立場がいかに異なっているかは言うまでもないことであろう。

近世における人間的立場の自覚はもっとはるかに積極的である。それは人間の価値を強く肯定する。人間は人間以外のものとの関係を離れて、それ自身において意義を持つものであり、したがってわれわれは人間の立場に立ってものを考え、いっさいを人間のために利用することが許されるのである。人間にとって納得しがたいものは捨てられる。われわれは人間的立場からいっさいを理解しようとするのである。この近世的な考え方の根底に、人間の自己自身に対する絶対的な自信が存していることは明らかであろう。

このようにして人間的立場の自覚という近世思想の立場が確立されてくるにしたがって、種々の方面に目ざましい革命的変化が生じて来たが、その一つの顕著な結果は近世にいたって自然探求がはじめて真に学問と言われるべきものになったということであろう。自然の探求は言うまでもなく古代より行なわれていたが、近世以前においてはついに学問の確実な道を歩むことができなかった。しかるに近世になって自然探求ははじめて自然科学となり得たのである。

このように近世にいたって自然科学が確立し得たゆえんが、自然の研究の方向の転換によっているということは一般に言われているところである。近世以前の自然探求においては、自然現象の本質が問われていた。たとえば物質の落下運動というものを考察する場合にも、それはその物質が「下方に向かう」という本質を持つものと考えられた。これに対して近世の自然科学において問われるものは、もはやかくのごとき自然の事物の根底に存する不変的本質ではない。そうではなくそれはただ自然現象のあり方を問うのである。自然現象がいかにあるかということを問うのである。落下現象を研究するに際しても、それは決してある種の物質が下方に向かってゆこうとする本質を持つかどうかということを考えるのではなく、ただ物質がいかなる条件のもとにいかなる仕方で落下するかを研究するのである。そこに求められるのは決して自然的事物の本質ではなく、自然現象の法則に外ならない。本質というものは同種類の物質においては全く不変的であると考えられるが、法則は同種類の現象においてもそれぞれの場合の条件によって数値の変化があり、そこから帰納的に取り出されてくるものである。このような本質から法則への自然探求の方向の変化はまた「何ゆえに」という問いから「いかにして」という問いへの方向の転換とも通常言われている。

さて、このような自然探求の方向の転換がさきに述べた近世思想の根本的立場と密接な関連を有することは言うまでもないと思われる。古代におけるごとき自然観を取るとき、そこには近世の自然科学的考え方が生じてくるはずはない。自然の奥底に存する力は人間をも支配するものであって、人間のどうしようもないものであると考えられるならば、われわれにとってなし得ることは、この自然の不変的な本質をとらえるということ以外には存しない。自然の本質を把握し、そこに存する超人間的な力を恐れたり讃嘆したりする以外にはないのである。また中世のような考え方においても、元来自然とは神によって作られているものであるから、自然探求の目的は結局神の創造の業を自然のなかに見出すということに外ならないであろう。神という問題にくらべれば自然とは価値なきものであるから、自然の探求はそれ自身として何らの意義をも持つことはできないのである。これに対して近世においてはわれわれは人間的立場に立って自然を征服し利用することを考えうるようになる。人間はもはや自然に包み込まれるものでもなければ、また自然はそれ自身において意義のないものでもない。人間が人間自身の立場に立って神との関係を離れて自然を考察するとき、自然は正に人間にとって利用すべきものなのである。したがってまた、われわれはもはや自然現象の本質が何であるかを考える必要はないこととなる。もしもわれわれがどこまでも自然現象の本質をたずねてゆくならば、われわれはあるいは全自然の根底に神の力が存すると考えることができるかも知れない。自然の根底には神的な目的が存するかも知れない。しかしわれわれが人間自身の立場に立ち止まり、人間に対して自然を役立てようとするとき、われわれはかくのごとき自然の本質の探求を必要としないであろう。われわれにとって必要なのはただわれわれに対して与えられる自然現象をそのあるがままに把握するということのみである。自然現象がいかにあるかを知り、その法則を見出しさえすれば、それで十分であると言わねばならない。あるいはむしろわれわれが神とか自然の奥底にある本質というような考えを離れて純粋に自然そのものを考察するようになると、自然はまさにわれわれに与えられるがままの自然であってそれ以上の何ものでもなく、したがってそこから自然とは人間に対立する単なる物質であって、それは人間にとって利用さるべきものであるという考え方が生じてくるのである。

かくのごとく近世にいたって自然探求の問いの方向が従来のそれと全く異なってきたということは、近世において人間の積極的意義が自覚され人間的立場に立ってものを考えるということが可能になったということと密接に連関しているのであるが、それではこのような問いの方向の変化によって自然探求が学問となり得たのはどうしてであろうか。それには少なくとも次の二つの大きな理由が考えられるであろう。

第一は、かくのごとき問いの変化によって自然探求が科学となるために必要な実証性を獲得してきたということである。われわれが自然現象の本質を求めてゆくとき、われわれはそこに生ずる結論を経験的に確かめてみることができない。何となればそこに求められている本質とはさきに述べたごとく元来同種類の現象において不変的なものであるべきであるから、一つの現象において見出された結論は当然他の同種類の現象についてもあてはまるわけであり、その結論が正しいかどうか経験的に検証し得ないからである。たとえばさきに述べた落下運動の例で言うならば、その本質を「下方に向かう運動」として把握するとき、これはすべての落下現象についてあてはまるのは当然のことであり、この考え方の正否を種々の落下現象を検討することによって吟味してみることはできないのである。これに対して、われわれが自然現象の法則を求めるとき、いくつかの落下現象の研究によって見出された法則は、これを他の落下現象によって吟味することができ、したがってもしもその吟味が成功しない場合にはわれわれが法則を誤って把握していたということが示されるのである。何となれば法則とは決して本質のごとくすべての同種類の現象において不変的なものではなく、現象の相異なるに応じて可変数の数値が異なってくるものであるからである。要するに、本質から法則へ、という自然探求の方向の変化によってわれわれは自然探求によって実験を行なうことが可能となるのであり、これによって自然探求は実証的な自然科学となり得たのである。

第二は、法則の探求ということによって自然科学において数学を使用することが可能になったということである。自然現象の本質が求められるとき、その本質とは何らかの意味で自然現象の奥底にひそむものであり、したがって自然現象の量的な変化はかかる本質に対しては外的・偶然的なものにすぎない。量的な変化は元来本質に対しては無関係であると言うべきである。このような立場においては数学が自然研究において重要な役割を果たすことのないことは明らかであろう。しかるにわれわれが法則を求めてゆくとき、われわれはもはや決して自然現象の量的変化と無関係な本質を求めているのではなく、自然現象の量的な変化のあり方を求めているのである。自然現象の量的変化の中に存する恒常的関係そのものがすなわち法則に外ならない。したがってここでは数学の自然科学における使用は可能であるばかりでなく、絶対に不可欠なものと言うことができるのである。

以上述べたごとく近世において人間的立場が確立すると共に自然科学もまた確固たる学問の道を歩み始めたのであるが、このように自然科学が急速に発展して続々と輝かしい業績をあげていったという事実は、近世の哲学に対しても著しい影響を与えずにはいなかった。それはすなわち哲学、さらに一般的に言うならば学問、というものを真に確実な学たらしめるためにはこの自然科学の成功を模範としなければならないという意識が非常に強く生じてきたということである。

このような努力はすでに十七世紀のいわゆる大陸合理論の哲学においてはっきりと現われている。デカルトは周知のように「われ思う故にわれあり」cogito, ergo sum という絶対に疑うことのできない確実な真理から出発して演繹的に次々に確実な新しい真理を見出してゆこうとしたが、このような考え方の根底には数学的方法を哲学のなかに導入することによって哲学を確実な学問たらしめようとする意図が存していることは言うまでもないことである。それは確実な公理から出発して次々に定理を演繹してゆく数学的方法の模倣であったのである。すでに述べたように数学の自然科学への応用はまさに自然科学の発展の根本的理由であったが、デカルトはこの自然科学を成功せしめた数学的方法を哲学に導入することによって、哲学をも自然科学のごとく確実な学たらしめようとしたのであろう。同じ傾向はさらにスピノザにおいても一層はっきりと現われている。スピノザの主著『エティカ』では定義および公理から出発し、そこから定理を演繹してゆく幾何学的方法が採用されているのである。

このような大陸合理論の考え方は自然科学が成功した理由のなかの一つ、すなわち数学の応用という点に目を注ぎ、その点から哲学の改革をなしとげようとしたものであると解しうるが、しかし元来量を取り扱う数学というものをそのまま哲学のなかに導入することの不可能であることは言うまでもないことである。したがって合理論の哲学が哲学のなかに導入しようとしたものは数学的推理のなかに存する厳密な論理性というものであり、それは結局、演繹的推理によって哲学の体系を打ち立てようとすることに外ならなかった。だが、演繹的推理とは本来決して大前提のなかに含まれている以上のものを結論として取り出してくることはできないものである。たとえば、「人間は死ぬものである

（大前提）。ソクラテスは人間である（小前提）。故にソクラテスは死ぬ（結論）」という演繹的推理を考えてみると、「ソクラテスは死ぬ」という結論はすでに「人間は死ぬものである」という大前提のなかに含まれていなければならない。ソクラテスが死ぬ、ということをすでに知っていなければ、われわれは「人間は死ぬものである」という大前提を主張し得ないからである。しからば演繹的推理は決してそれのみで新しい真理を次々に導出してゆくことができないと言うべきである。この点で合理論の考え方には根本的な欠陥が存すると言わねばならない。

合理論のもつこのような欠陥はやがて十八世紀のいわゆるイギリス経験論によってはっきりと意識される。イギリス経験論は、認識の価値という点に関しては多分に合理主義的側面を有するが、少なくとも認識の起源という問題に関しては合理論とはまったく正反対の考え方を取った。イギリス経験論によれば、われわれ人間の認識は経験にその起源を有する。われわれは経験なくしては事物についての認識を行なうことはできない。したがって数学のごとく単に抽象的な数という観念を取り扱い、その対象が現実に存在するか否かということと無関係に成立するごとき学問は別として、哲学が何らかの意味で現実に存在すべき事物、たとえば神とか世界とかを考察の対象とし、それについての主張を行なうものである以上は、われわれは合理論のごとくいっさいの経験を無視して純粋に理性による演繹的推理のみによってこれを行なうことはできないのである。かくのごときイギリス経験論の考え方はまさに合理論の考え方の欠陥を十分に洞察したものであり、合理論が自然科学のもつ数学性という側面に目を向けたとすれば、経験論は自然科学のもつ実証性という側面に注目したものと言うことができるであろう。自然科学は経験を重視することによって実験が可能となり、確実な学の道を歩み得たのである。自然現象の本質を求めるというような考え方は、その本質が経験を越えたものであり経験によって実証され得ないがゆえに、失敗に終わらざるを得なかったのである。しからば自然研究においてのみならず、人間は一般に認識を行なう場合は経験に頼らざるを得ないのではなかろうか、——これがイギリス経験論の根本的な考え方であったと言いうるであろう。

このようにイギリス経験論によって合理論の立場の欠陥が洞察され、認識における経験の要素が重んぜられてくるにしたがい、ここに哲学に対して非常に大きな結果が引き出されてくる。従来の哲学は一般的に言って世界観的要求をもっていたと言うことができる。われわれがこの世界において生きてゆく以上、そこに何らかの世界観を必要とすることは言うまでもない。哲学は本来かかる要求によって生じたものであると言いうるであろう。しかるに世界観はこの世界において何が最も価値高いものであるかというような価値評価と結びつくものであり、このような価値評価を行なうためには世界の本質が何であるか、真の意味において存在するものは何であるか、というような問題を解決しなければならないと考えられたから、哲学は形而上学でなければならなかった。すなわち哲学は単に経験的に与えられる現象をそのあるがままに把握することに満足するものではなく、そのような現象の本質を問い、あるいは神というがごとき、まったく経験を超越するものについての論議を行なうべきものであったのである。だがイギリス経験論の説くように、われわれ人間の認識が経験なくしては成り立つことができず、したがって経験を超越したものについてはまったく何らの認識をも持ち得ないとするならば、このような形而上学的哲学はすべて否定されてしまわねばならないことは明らかであろう。少なくとも哲学が確実な学問であるがためには、われわれは形而上学的哲学を捨て去らねばならないのである。

もとよりイギリス経験論は単に形而上学のみを否定したのではない。それは自然科学的認識の確実性をも疑うという懐疑論的帰結に到達したのである。いなむしろイギリス経験論はまず自然科学的認識の確実性を疑うということから出発していったと言うことができる。ロックにおいては神および精神という実体の存在は確実性をもって主張しうるが、物体の存在についての認識は、それが感覚的認識によらねばならないがゆえに、確実ではない、と考えられ、バークリにおいても物体という実体の存在ははっきり否定されているが、神および精神という実体の存在は少しも疑われていない。ヒュームにいたってはじめて精神（そしておそらくは神も）の存在は否定されたが、同時に、因果律という観念は直接に経験に与えられる印象のなかに存するものではなく、したがって因果律は単に主観的信念に基づくものであって客観的妥当性を有しない、という理由から自然科学的認識の確実性もまた疑われたのである。このようにイギリス経験論がわれわれの認識が経験なくしては行なわれ得ないと考えながら、むしろまず形而上学的認識よりも自然科学的認識の批判に向かったということは、イギリス経験論のもつ特異な性格であるが、*しかしとにかくヒュームにいたって経験に基づかないところの形而上学の可能性は完全に否定されるにいたったのである。

このようにしてイギリス経験論によって形而上学の可能性が否定されることによって、世界観的要求と学問的要求とが相対立するものであるという考え方が生じてきたが、このような考え方はその後

＊私はこれもイギリス経験論が認識の価値について合理主義的見解を持っていたことによっていると考える。

現在にいたるまでずっと続いて存在していると言うことができるであろう。現在においても、学問的であるということは実証的であるということであり、したがって世界観的要求とは相入れないものであるという考え方が一般に行なわれていると言いうる。哲学の内部においても、いわゆる学問的哲学を樹立しようとする人々は世界観的哲学を軽蔑し、また一方、世界観的哲学を説く人々は科学的・実証的認識のみを絶対視する考え方に反対し形而上学的思惟の優位を主張する。しからばこの世界観的要求と学問的要求の対立ということが近世の哲学の一つの特徴であるといっても過言ではないであろう。かかることは近世以前には決して生じ得ない考え方であった。人間的立場をはっきりと自覚した近世的立場の上に生じた自然科学を模範とすることによってはじめて生じ得た考え方であったと言うことができるのである。

カント哲学の意図

かくして世界観的要求と学問的要求との間の分離対立は近世哲学の大きな特徴であると考えられるが、しかしこの二つの要求は絶対に調和統一できないものであろうか。われわれは学問的要求に忠実である以上は、いっさいの世界観的要求を形而上学的妄想に基づくものとして退けねばならず、また世界観的要求を貫徹しようとする以上は、科学的認識は価値低いものとなしてただ独断的に世界観的哲学を主張する以外はないのであろうか。むしろわれわれは世界観的哲学をも何とかして学問的たらしめることはできないであろうか。あるいは少なくとも世界観的哲学をまったくの妄想として否定するのではなく、学問的認識と両立するものと考えることはできないであろうか。元来われわれは人間として生きてゆく以上、いかにしても世界観的要求を捨て去ることはできないであろう。この意味で哲学がもともと世界観と結びついていたということは極めて当然のことであったと言わねばならない。しからばわれわれは単に世界観的要求をすべて非学問的として退ける前に、世界観的要求と学問的要求との調和統一を考えてみるべきではないであろうか。現代、科学的文明の発達による人類の危機が痛感されるとき、このことは今でもなお極めて重要な課題であると言うべきであろう。

カントはこの近世の哲学に課せられた問題に取り組んだおそらくは最初の人であった。すでに述べたごとく十七世紀の大陸合理論がその限界を暴露することによって、イギリス経験論的見方が生じ、ここに世界観ないし形而上学と学問的認識の対立という問題が生じてきたのであるが、カントはその思想的遍歴の過程においてまさにみずからこの時代の思想発展の過程をたどったのである。カントの生い立った当時のドイツではライプニッツの哲学を受けついだヴォルフの合理主義的哲学が普及していたが、カントもまたその影響を受けて最初は合理主義的地盤に立っていた。しかるにカントがやがて彼みずから言うごとく、ヒュームによってその「独断のまどろみを破られ」るのである。カントはヒュームの批判によって従来の合理論的な形而上学的哲学が完全に打ち破られたことを認めるにいたる。しかしカントはこのヒュームの懐疑論的帰結に止まるにはあまりにも強い世界観的要求をもっていた。それはおそらくカントが幼少時代から敬虔主義（Pietismus）の家庭に育ち、またその教育を受けたことが大きな原因となっていると思われるが、とにかくカントは一方に合理論的哲学、さらに一般に形而上学的哲学に対するヒュームの批判の正しさを認めるとともに、他方ヒューム的立場を越えて新しい形而上学、学問的要求と矛盾しない形而上学の樹立を目ざしたのである。カントのいわゆる批判哲学はこのような世界観的要求と学問的要求との統一の意図の上に生じたものであったと言いうるであろう。

かつてカント哲学はいっさいの形而上学を否定し、哲学の仕事を単に人間の認識の本性を見究めその限界を探ろうとする認識論に限定するものと解せられたことがあった。十九世紀後半に生じたいわゆる新カント学派のカント解釈は全体としてこのような方向に傾いていたと言うことができるであろう。しかしこのようなカントの理解が決してカントの真の意図を把握したものでないことは言うまでもないことである。カントはヒュームによる形而上学の攻撃を十分に認めていた。それゆえもしも形而上学を否定することがカント哲学の目的であったとするならば、カントの哲学はその独自の意義を持つものではないと言わねばならないであろう。のみならず、カントの批判哲学が現われた頃、ドイツにおいてもすでにライプニッツ－ヴォルフ哲学はその権威を失い、合理論的な形而上学的哲学は次第にその影をうすくしつつあったのである。カントは『純粋理性批判』の第一版序言のなかで次のごとく述べている。「かつては形而上学がすべての学問のなかの女王であると称せられていた時代があった、そしてもし意志することがすなわち実行することであると考えられるならば、形而上学は、その対象がとくに重要であるのであるから、言うまでもなくこの尊称に値するであろう。しかるに今や形而上学に対してあらゆる侮蔑を示すことが時代の流行となってしまった」。このように形而上学がすでに否定されつつあるときに現われたカントの批判哲学がただ単に形而上学の不可能性を示すことを目的とするものであったとするならば、それはまったく的外れの努力であったと言わねばならない。そうではなくカントの意図はむしろ形而上学の復活にあったのである。すでに崩壊しつつある形而上学にふたたび確固たる基礎を提供しようとするところにあったのである。カントみずからのことばで言うならば、「形而上学の全面的な革命を企てる」ことによって形而上学を「学問の確実な道にもたらす」ことこそ、カントの目的であったと言わねばならない。

かくしてカントの意図が形而上学の復活に存することは明らかであるが、しかし言うまでもなくカントの復活しようとした形而上学は従来の形而上学ではない。それは「全面的な革命」を受けた形而上学である。従来の合理論的形而上学はすでに否定し去られた。それは、そのような形而上学は経験論的な立場からの批判に堪え得ないがゆえであった。しからば新しく復活さるべき形而上学はかかる批判にたえうるものでなければならないことは明らかであろう。それは学問的認識と矛盾するものであってはならない。学問的認識と両立しうるものであるのみならず、それ自身のなかに確実な基礎づけを持つものでなければならない。カントは新しい形而上学を自然科学的認識と対立するものとは考えず、「形而上学の全面的な革命」はむしろ「幾何学者や自然科学者を模範として」行なわるべきであると考えているのである。

かくしてカントの批判哲学の意図するところが世界観的要求と学問的要求との調和統一というところに存することは明らかであると言いうるであろう。カントは決してただ形而上学を否定したのではない。単にいっさいの形而上学を否定して満足するにはカントはあまりにも強い世界観的要求をもっていた。しかしまた、カントは学問的要求を無視して単に独断的に形而上学を主張しようとしたのでもない。カントは学問的要求を重んずるとともに、他方かかる要求と調和しうる形而上学を打ち立てようとしたのである。しからばカントの打ち立てようとした形而上学とはいかなるものであろうか。

カントはいかなる仕方で学問的要求と世界観的要求の両者を調和統一しようとしたのであろうか。この二つの要求の統一が現代においても大きな問題であるとするならば、われわれはカントのなかに学ぶべきものを見出し得るのではないであろうか。私は以下このような視点の下にカントの哲学を見てゆきたいと思う。

しかし私はカント哲学の叙述に進む前に、順序として次節においてまずカントの生涯について簡単に触れておかねばならない。

2　生涯と著作

『純粋理性批判』以前

カント（Immanuel Kant）は一七二四年四月二十二日、東プロシアのケーニヒスベルク（現在のソ連領カリーニングラード）に生まれた。ケーニヒスベルクはバルト海に臨む不凍港であり、当時プロシアにおける有数な商工業の中心地であった。家は貧しい馬具匠であり、カントはその第四子として生まれたのである。兄弟姉妹あわせて九人であった。当時ドイツには敬虔主義《ピエティスムス》の信仰が普及しており、ケーニヒスベルクもその一つの中心地であったが、カントの父母も熱心な敬虔主義者であった。元来、敬虔主義は、プロテスタント主義が次第にその本来の精神を失って形式的となっていったのに反対して、厳格な宗教的生活を行ない、道徳を守り、内面的な信仰を重んじようとするものであるが、実直なカントの両親によって家庭に満ちていたこの敬虔主義的雰囲気はカントの生涯の思想に対して大きな影響を与えたと見ることができる。自己の生涯について語ることの極めて少なかったカントも、両親についてはその道徳的な正しさをほめたたえており、とくに母については――その母はカントの十三歳のときに死んだのであるが――深い感動をもって「私は決して母を忘れないであろう。なぜなら、母は私の心に善の最初の芽を植えつけ、それを育ててくれたからである」と語ったと伝えられている(E. Cassirer, *Kants Le ben und Lehre*, S. 10による)。

一七三二年から四〇年までの間、カントは、当時敬虔派の牧師でヴォルフ哲学の権威であったシュルツが校長であったフリデリキアヌム校に学び、さらに一七四〇年より四六年までケーニヒスベルク大学に学んだ。ここでクヌッツェンの指導を受け、その指導を通じてヴォルフの哲学とニュートンの自然科学に接し、学問に対する関心をかき立てられた。

大学卒業後、一七四七年から五五年まで約八年の間ケーニヒスベルク近郊の二、三の上流家庭で家庭教師をした。カントは後年みずから笑いながら、自分より悪い家庭教師はいなかっただろう、と言ったといわれているが、しかしカントがこの上流社会の間で尊敬されていたことは確かであるようである。この間にもカントは着々とその研究を進めていたが、一七五五年にいたってカントは彼の自然科学的論文のなかで最も重要なものである『天体の一般自然史および理論』を出版した。この書のなかでカントはいわゆるカント‐ラプラスの星雲説と称せられる理論を提唱しているが、哲学的に興味深いのはカントがここでニュートン的な自然観を取って宇宙の発生を機械論的に説明しようとしながら、他方この宇宙の法則の根底に創造の目的があることを認め、ライプニッツ‐ヴォルフ的形而上学と機械論的自然観との調和統一を図っていることであろう。もとよりカントがここで示しているその解決の仕方はいまだ従来の形而上学的思惟の限界を越えるものではなく決して積極的な意義を持つものとは言い得ないであろうが、しかしカントの意図するところは後の批判哲学の場合と同じであると言うことができるであろう。

同じく一七五五年にカントはさらに『形而上学的認識の第一原理の新解釈』という論文によってケーニヒスベルク大学の私講師となった。ここにカントの教授生活が始まることとなる。彼の講義は機智に富み、ユーモアにあふれ、しかも学問的精神の高さを示すものであったようである。彼の講義を聞いたヘルデルは後年口を極めてカントの講義を賞讃している。カントの講義内容は多方面にわたっており、数学・物理学・論理学・形而上学・道徳哲学のほか、地理学・人間学・自然法・教育学等々にもおよんでいる。

私講師の生活は十五年間続いた。その間クヌッツェンの死後空席となった正教授の位置をカントは望んだが成功せず、六四年には詩学の教授の位置を与えられようとしたが、カントは自分に不適当な位置であるとして受けなかった。ようやく一七六九年の末にいたってエルランゲン大学から、また一七七〇年のはじめにはイエナ大学から教授として招かれたが、丁度その頃ケーニヒスベルク大学でも正教授の位置に空席ができ、一七七〇年三月カントは教授に就任した。

この間カントは着々とその業績を発表している。そのうちの主なるものは、『神の存在の論証に対する唯一可能なる証明根拠』、ベルリンのアカデミーの懸賞論文に応募して第二位を占めた（第一位はメンデルスゾーンであった）『自然神学および道徳の原則の判明性についての研究』、および一七七〇年正教授就任の際の就任論文『感性界および叡知界の形式と原理について』などである。この時代のカントの思想の特徴は、伝統的形而上学に対する懐疑が次第に強くなり、一時は経験論的立場に傾いていったが、さらにそれを越えて批判哲学への道をすでにわずかながら歩み始めたということである。就任論文はまさにカントが彼みずからの思想への道を踏み出したことを示している。

このようにカントが従来の合理論的形而上学のわくを離れていったということについて影響を与えたのはヒュームとルソーの思想であると通常言われている。このなかの第一のヒュームの影響についてはわれわれはこれを十分に理解することができるであろう。従来なお合理主義的形而上学にとらわれていたカントはヒュームの思想によって、合理主義的形而上学の成り立ち得ないことを自覚したのである。もとよりこのヒュームの影響がいつ始まったか、あるいは、ヒュームの思想がいかなる点でいかなる仕方でカントに影響したか、というような問題は種々解釈の存するところであるが、しかしとにかく一七六〇年代にヒューム哲学の影響を受けたということは確かである。

しかしながら第二の、ルソーの影響とはどういうことであろうか。それはカントみずからのことばが最もよく説明しているであろう。「私は本来学者である。私は認識に対する非常な欲求と、認識を進めてゆこうとする熱心な不安とを感じ、また進歩する度ごとに満足を感ずる。これらすべてのことが人間として誇るべきものであると私の考えていた時期があった。そして私は何ごとをも知らない賤民を軽蔑していた。しかしルソーが私の誤りを正してくれた。かくのごときまやかしの優越〔の意識〕は消え失せ、私は人間を尊敬することを学んだ……」。すなわち、人間の自然的感情を重んじるルソーの思想は、カントに学問の有無にかかわらず人間性の尊重すべきことを教えたのである。カントがルソーの『エミール』に読みふけってその日課の散歩をやめたことは極めて有名な話となっているし、またカントは終生ルソーを尊敬し、その部屋にはルソーの肖像を掲げていたということである。もとよりカントは決してルソーの考え方に全面的に同感したのではないことは言うまでもない。文化の価値を否定するというルソーの考え方は決してカントの取るところではなかった。しかしすべての人間の人間性を尊重するという点でカントはルソーの思想に惹きつけられたのである。しかしわれわれはこのルソーのカントに対する影響をあまり大きく考えるべきではないであろう。ルソーによって今までカントに存在していなかった全く異質的な思想がはいってきたと考えるべきではないと思う。敬虔主義の家庭に育ち内面的な信仰の尊さを実感的に知っていたはずのカントが、ルソーを読むまで人間性の尊重ということを知らなかったと考えることはかえっておかしいのではないであろうか。むしろカントがルソーに心惹かれたのはカントのなかにすでに敬虔主義の要素が存在していたためではないかと考えられる。おそらくカントはすでに合理主義的形而上学の可能性について疑いつつあったときにルソーの書物に触れ、人間の自然的感情を重んずるその思想によって道徳的なものの基礎づけには、今までのような形而上学が不必要であるということに気がついたのではないかと思われる。

かくして一七七〇年の教授就任論文によってその批判哲学への方向をたどり始めたカントは、しかしその後十一年間全く沈黙してしまった。批判哲学への道はそれほど険しかったのである。その間にカントの思想がいかなる過程をたどって展開していったかは不明という外はない。それはただカントが友人にあてた手紙から推測する以外はない。とにかくカントはこの手紙のなかでしばしばもうすぐ書物は完成すると述べながら、その度ごとにその完成はおくれ、その書物が出来上ったのはようやく一七八一年であった。これがすなわち『純粋理性批判』であった。カント五十七歳のときであった。

『純粋理性批判』以後

『純粋理性批判』の完成後、カントの著作活動はふたたび活発となっていった。ひとたび自己の確固たる立場を見出したカントの思想はいわばあふれ出るように次々に大部の書物となって現われてきたのである。主なものは次のごとくである。

『学として現われ得べきあらゆる将来の形而上学に対する序論《プロレゴメナ》』一七八三年
『道徳形而上学の基礎づけ』一七八五年
『自然科学の形而上学的始源』一七八六年
『純粋理性批判』の改訂第二版、一七八七年
『実践理性批判』一七八八年
『判断力批判』一七九〇年
『単なる理性の限界内の宗教』一七九三年
『道徳の形而上学』一七九七年
『学部の争い』一七九八年
『実用的見地における人間学』一七九八年

このうち『実践理性批判』と『判断力批判』とは『純粋理性批判』と合わせて三批判書と言われるものであり、カントの三大主著である。「純粋理性批判」を第一批判、「実践理性批判」を第二批判、そして「判断力批判」を第三批判と称することがある。

このほかにもカントは小論文を多数執筆しているが、そのなかの主なるものは次のごとくである。

『世界市民的目標における一般歴史考』一七八四年
『啓蒙とは何か』一七八四年
『人類歴史の臆測的起源』一七八六年
『永久平和のために』一七九五年

このように多数の著作を次々に発表しながらカントは極めて忠実に教授としての職務を果たし、しかも一七八六年と八八年の二回大学総長に就任している。はじめは容易に理解されなかったカントの思想も次第によき理解者を見出し、ドイツ哲学のみならず全ヨーロッパの哲学に対して大きな影響を与えるにいたったのである。カントの晩年は静かであったが、輝かしい時期であったと言うことができるであろう。

この時期を通じてカントの平穏な生活を乱した唯一の事件は、『単なる理性の限界内の宗教』の出版をめぐって引き起こされたプロシア政府との衝突であった。一七八六年フリードリッヒ大王が死に、フリードリッヒ・ヴィルヘルム二世がその後を継いだが、その性格は弱く啓蒙思想に対しては反感を抱いていた。カントの保護者でありカントがその『純粋理性批判』を捧げたツェドリッツは国務大臣を免ぜられ、それに代わってヴェルナーが起用されて宗教方面を担当したが、ヴェルナーは頑固な保守的信仰の所有者であって、啓蒙主義的な自由思想をにくみ、検閲制度を強化したのである。はじめはカントについては何ら問題とされていなかったが、しかしまもなくカントの思想を危険と見るにいたり、一七九一年にはカントの著述を禁じようとする動きがあった。このときは幸いその動きは実現することなく終わったが、カントはこの事情を知りながら一七九二年「人間の本性における根本悪について」という彼の宗教についての最初の論文をベルリンの雑誌に送った。このときもまた、カントの論文を読むものは学者に限られるという理由で許可された。しかしこれに引き続いてカントが第二の論文「人間の支配のための善の原理と悪の原理との戦いについて」を同じ雑誌に掲載しようとするにおよんで、検閲官はついにこれを禁止したのである。しかしカントはあくまでも自己の宗教思想を公けにする決心を捨てず、以上二つの論文にさらに他の二篇を追加して、ケーニヒスベルク大学の哲学科の許可を求め、その許可が与えられてから、これを『単なる理性の限界内の宗教』という書名の下に一七九三年に出版し、この書は翌年すぐ版を重ねた。かくなってはもはや事件は平穏に終わるはずはない。一七九四年の十月、カントは今後宗教についての著述ならびに講義を禁ずる旨の勅令を受け取ったのである。カントはこのときすでに七十歳であった。カントは「自己の内心の確信を撤回したり否認したりすることは恥ずべきことである。しかし今のような場合には沈黙することが臣下としての義務である。われわれの言うことはすべて真でなければならないが、しかしそれだからと言って、すべての真理を公けに口にすることは義務ではない」と考え、この勅令に従うと返事をした。しかしカントはこの返事のなかに注意深く、「陛下の臣たる限り」というただし書きをつけた。それは国王の存命中は、という意味をあらわしていたのである。事実カントは、一七九七年フリードリッヒ・ヴィルヘルム二世が死んでヴェルナーの検閲制度が廃せられるにおよび、みずからその『学部の争い』の序文のなかにこの事件を記述したのであった。

カントはしかしようやく肉体の衰えを感じはじめた。一七九七年以後は講義もせず、ただ少数の友人達との交際を除いてはひとり静かに生活した。記憶力は衰え、精神的な働きの消耗も目立つようになった。しかもカントはなお最後までその著述を続けた。それは『自然科学の形而上学的始源から物理学への過渡』であった。しかしそれはついに未完に終わったのである。一八〇三年病いに倒れ、一時回復したが、しかしもはや文字を読むこともできず親しい友人さえ識別できなくなった。そして翌一八〇四年二月十二日の昼近くカントはついにその八十年の生涯を閉じたのである。臨終に際しての最後のことばは「これでよい」であった。

最後に、われわれはカントの性格について一言ふれておこう。終生独身で過ごし、かつ一生の間ほとんど生地ケーニヒスベルクを離れることなく静かな書斎の生活を送ったカントの日常を支配したのは、厳格な克己の精神であった。日常生活の日課は厳密に定められていた。そしてカントはこの日課が少しでも狂わされることを非常に嫌ったのである。したがって、カントについて最もよく語られる話——すなわちケーニヒスベルクの町の人々はカントの散歩する姿を見て大体の時刻を知ったという話もおそらく全くの作りごとでもないであろう。生来小さくて病弱なたちの身体でありながらほとんど病気らしい病気もせずに通したのも、カントの身体に対する細心の注意によったものであったと考えられる。しかしわれわれはこのことからカントを偏屈な変人であると考えてはならないであろう。カントはその著『人間学』によってもわかる通り意外の人間通であり、またケーニヒスベルクを離れたことのないにもかかわらず世界の事情にもよく通じていた。またカントは友人との談話を好み、毎日昼食は婦人をも含んだ友人達と会食するのを楽しみとした。その談話は快活で機智にあふれていたようである。カントは決して人間味のない「知的機械」のごとき哲学者であったのではない。自己に対しては厳格であると同時に、他人に対しては親切な思いやりを持ち他人の人格を尊敬することを忘れなかった。彼の死ぬ十日ほど前、ドクターが訪れたとき、カントはもはやはっきりと話すこともできず立っていることも困難であったのにもかかわらず、なお立ち上った。カントがこの時あらゆる努力をはらいつつ「人間に対する尊敬の情はなお私を見捨てていない」と語ったことは、カントの性格を最もよく示しているであろう。

3　批判哲学の意図

ヒュームの影響

かつて新カント学派はカントの批判哲学は科学的認識の基礎づけを目ざすものであり、形而上学を否定しようとするものであると解釈した。しかしわれわれが『純粋理性批判』の第一版および第二版の「序言」を素直に読むならば、このような解釈が少なくともカント自身の意図を正当にとらえたものでないことはただちに承認されるところであろう。たしかにカントは『純粋理性批判』において数学および自然科学的認識の基礎づけを行ない、同時にまた従来の合理論の立場からの形而上学を徹底的に批判した。しかしカントの意図するところは決して形而上学を全面的に否定することに存したのではない。むしろカントは数学および自然科学的認識が何故に確実性を持ち得るかということを探求することによって、それにならって新しく形而上学を確立しようとしたのである。もとよりそれは合理論的形而上学ではあり得ない。しかし新しい仕方で形而上学を改めて建て直すということこそカントの最も根源的な意図であったといわねばならない。カントの奥にあるこの形而上学的志向を把握することはカント哲学を理解するための基本的な条件であると思われる。

カントはその初期においては、当時ドイツにおいて有力であったヴォルフ学派の合理論の立場に立ち、いわゆる形而上学の可能性についても疑いを持たなかった。そのカントがやがて合理論的立場を捨てて独自の批判哲学の道を切り開いてゆくようになったのは、カントみずからいうように、ヒュームの経験論に触れてその「独断のまどろみを破られ」たからであった。いうまでもなくヒュームの経験論はわれわれの認識はすべて経験から生じてくるものであり、したがってわれわれが経験的に与えられるものを越えてそれ以上を認識しようとすると誤りに陥ると考えてここから合理論的形而上学を否定するばかりではなく、さらに自然科学的認識さえ、それが経験的にはその確実性を保証され得ない因果律を根底にして成り立っているという理由によって、決して確実なものとはいえないという結論を導く懐疑論的色彩の強いものであった。カントはこのヒュームの鋭利な批判を率直に受け入れ、それまで立っていた合理論的立場を捨てたのである。しかしそれだからといってカントは決してヒュームの立場をそのまま認めたのではない。いっさいの形而上学を全く不可能として退けてしまうことはカントにとってどうしても承認し得ないことであったし、またヒュームのように自然科学的認識の確実性を疑うということもあまりに非常識と考えられたのである。

それゆえカントはここで一歩退いて考え直そうとする。ヒュームはわれわれの認識はすべて経験にその起源を有するとする経験論的立場に立ったために懐疑論的帰結に陥らねばならなかった。しかしこのヒュームの経験論的立場が果たして正しいのであろうか。もしヒュームの懐疑論的帰結が誤っているとするならば、それはその経験論的立場そのものが誤っているからではないであろうか。こうしてカントはまず何よりも人間の認識能力である理性というものを改めて検討し直さねばならないと考えたのである。人間の理性は何をどこまで認識することができるのであろうか。この点を考察することによって、われわれはなぜ数学および自然科学的認識が確実性を持ち得るかということについて正しい解答を与えることができるし、また同時に形而上学が果たして可能かどうかという問題にも答えることができるであろう。ここに理性という能力そのものの批判という課題がカントに与えられることになるのであり、また批判哲学といわれるカントの哲学が生まれてくるのである。

コペルニクス的転回

それではカントは理性の批判を行なうことによってどういうことを見出したのであろうか。ヒュームによって批判された合理論の立場とも異なり、またヒュームの経験論の立場とも異なるカント独自の立場とは何であろうか。それは認識というものに対する考え方の転換であり、カントみずから天文学におけるコペルニクスの功業になぞらえたため通常カントのコペルニクス的転回といわれる思想であった。すなわち従来は合理論も経験論も共に対象というものをわれわれの主観から独立に存在するものと考え、われわれの認識はこの対象そのあるがままの姿においてとらえるべきものと考えていた。しかしもしこう考えるならばたしかにヒュームのいう通り、われわれは対象についてただ経験的な認識を行ない得るにすぎないであろう。なぜなら、われわれから独立に存在している対象について経験によらずに先天的に認識を行ない得るということは考えられないからである。そして対象についてのわれわれの認識がもし経験的にのみ行なわれるとするならば、これもヒュームのいう通り、われわれの認識は決して確実性を持たないということになるはずである。なぜなら経験的認識は対象が事実かくかくであるということは教えるが、しかしなぜその事象がかくかくでなければならないかという必然性を決して示すことはできないし、またわれわれがこれまで観察した限りにおいてはかくかくであったということは教えるが、その外のすべての場合にもそうであるという普遍性を示すことはできないからである。それゆえカントはこのような考え方を捨てて全く新しい考え方を取ろうとするのである。それはすなわち、われわれの認識能力のうちに先天的な形式が存し、われわれが対象と呼ぶところのものは実はこの主観的な認識形式によって秩序づけられ構成されているという考え方であった。もとよりわれわれはこの主観的な認識形式によって、みずから対象を産出するのではない。われわれが対象を認識するためには、まず感覚が経験的に与えられなければならない。しかしカントによると、この経験的に与えられる感覚は全く無規定的な雑多であって、これを秩序づけ、いわゆる対象となすところのものは先天的な認識形式であるというのである。

カントはこのような認識に対する考え方の転換によって、数学および自然科学の確実性が基礎づけられると共に、また形而上学に対してもその成立の余地が与えられると考えた。まず前者についていえば、対象というものがすでにわれわれの先天的な認識形式によって成立せしめられている以上、われわれが対象について、少なくともそれがこの認識形式によって構成されている限りにおいては、先天的な認識を持ちうることは当然であり、したがって経験的な認識の持つことのできない確実性を持ちうるからである。後者についていうならば、われわれの認識は経験の領域を越え出ることはできないけれども、しかし経験の世界というのはわれわれの主観的な認識形式によって構成されているものにすぎないのであるから、この経験の世界を越えてなお高次の世界、物自体の世界が存在しうることになり、形而上学はこの物自体の世界についての学として成り立つことが可能であるからである。

カントはこうしてヒュームの形而上学批判を乗り越えようとした。ヒュームの経験論的立場は誤っていた。それは人間の認識能力のうちに先天的形式が存するということを見出すことができなかった。そしてそれゆえに形而上学のみならず自然科学さえその確実性を疑われねばならなかったのである。しかしわれわれが先天的認識形式を持つことを洞察すれば、自然科学的認識の確実性は基礎づけられ、そしてまた同時に形而上学の可能性も認められてくるのである。理性批判を通して、形而上学を新しく基礎づけようとするカントの意図は成就する。それはカントのいうように、「信仰に余地を求めるために、知識を除去する」(『純粋理性批判』)ことによって可能となったのであった。

4　数学および自然科学の基礎づけ

先天的総合判断

右のような考え方のうえに立って、『純粋理性批判』においてカントはまず「先天的総合判断はいかにして可能であるか」という問題を提出する。カントによると、すべての判断は分析判断と総合判断の二種類に分けることができる。分析判断とは述語の概念がすでに主語の概念のうちに含まれている判断であり、カントはその例として「物体はすべて拡がりを持つ」という判断を挙げている。カントによると物体という概念はもともと拡がりを持つものという意味を持っているのであり、述語は単に主語概念のうちにすでに含まれている規定を取り出してきたにすぎないのである。したがってわれわれが分析判断を作るためには全く経験の助けを借りる必要はないのであり、先天的に行なわれうるが、しかしこれによってわれわれの知識は少しも拡張されるのではない。これに対して総合判断とは述語の概念が主語のうちに含まれていない判断であり、この判断こそわれわれの知識を拡張するものである。経験的な判断はすべて総合判断であるが、経験的な判断はすでに述べたように決して必然性と普遍性とを持ち得ない。それゆえに総合判断でありしかも必然性を持つ判断とは先天的総合判断でなければならない。

しかしそれではこのような先天的総合判断というものは果たして成り立つであろうか。ところがカントによると、先天的総合判断が成り立つということは事実によって証明されているのである。まず第一に数学の認識は先天的であり、また総合的である。7＋5＝12という判断、あるいは「直線は二点間の最短距離である」という判断を取って考えてみても、これはいずれも絶対に確実であり、したがって先天的であると考えねばならないが、しかもいずれの場合にも述語の概念は主語の概念のうちに含まれていず、それゆえ総合判断であるといわねばならない。さらにまた自然科学の場合を考えても「物体界のあらゆる変化において物質の量は一定不変である」、あるいはまた「運動のあらゆる伝達において作用と反作用は常に相等しい」というような原理は必然性を有する総合判断、すなわち先天的総合判断であるといわねばならない。

こうしてカントは数学および自然科学において先天的総合判断が事実存するということを認めて、

そのゆえんを問おうとする。この問題に対してカントの与えた解答はいうまでもなく先天的な認識形式の存在ということであった。

カントによると、認識が成立するためにはまず感性によって対象が直観として与えられ、悟性がそれを思惟するということが必要である。感性による対象の直観がなければ認識は成立しないことは当然であるが、また単なる直観のみでも認識は成り立たない。直観によって与えられた対象について悟性が概念的思惟を加えることによってはじめて認識が生ずるのである。「内容なき思想は空虚であり、概念なき直観は盲目である」。それゆえカントは感性と悟性の両者にそれぞれ先天的な認識形式が存すると考えた。感性の先天的な形式はすなわち空間・時間という直観形式であり、悟性の認識形式はカテゴリーといわれる十二の先天的悟性概念である。

カントはまず「先験的感性論」において、空間および時間がわれわれの感性から独立に存在する事物そのものの持っている性質ではなく、われわれの感性のうちに先天的に存する直観形式に外ならないということを論証しようとした。このカントの論証が果たしてどこまで成功しているかという点についてはいろいろの見解が存するが、とにかくこの場合には何ゆえに先天的直観形式である空間や時間が対象に対して妥当性を持つかという問題は何の困難もなく理解されることができる。なぜならカントによれば、われわれに経験的に与えられるものは単に全く雑多な感覚であって、われわれは空間・時間という直観形式によってこの感覚を統一づけ、そこに直観の対象が成立するのであるからである。ところがこれに反して、悟性の先天的概念であるカテゴリーの場合には、それがどうして対象に対して客観的妥当性を持ちうるかということは決して容易に解かれる問題ではない。なぜなら直観によって対象がすでに与えられており、悟性はこの対象について思惟するのであるとすれば、その対象は悟性とは無関係に成立しているわけであるから、このような対象に悟性の先天的概念としてのカテゴリーがどうしてうまく適合するかということが困難な問題となるからである。「先験的分析論」のなかの「純粋悟性概念の先験的演繹」においてカントが取り扱ったのがこの問題であり、カントはみずからいう通りこの点の解決に「最も多くの労苦を費した」(第一版序)のである。この先験的演繹の個所は極めて難解であり、『純粋理性批判』の解釈上最も重要であるといえよう。しかもこの部分は第二版において全く書き改められているのであり、ここから第一版と第二版においてその思想がどう変わっているかというような点も、カント解釈の問題の一つとなっている。しかし私はこの先験的演繹の根本思想は非常に単純なことなのではないかと考えている。それはすなわち、単に感性の働きによって直観の対象が与えられるのではなく、すでに直観の対象が成立するときに悟性のカテゴリーが共に働いているということである。このように考えれば、そしておそらくはこのように考えることによってのみ、悟性の先天的概念であるカテゴリーが何ゆえに直観の対象に対して客観的妥当性を持つかということも理解されると思われる。このカントの考えは先験的演繹論のいたるところに出ているが、たとえばB 160において、「空間あるいは時間において規定せられて表象せられるべきいっさいのものがそれに合致しなければならないところの結合も、先天的にあらゆる覚知の総合の条件として、もともとこれらの直観とともに(のうちにではなく)、同時に与えられているのである。しかしこの総合的統一は、根源的意識中に与えられた直観一般の多様の、カテゴリー(範疇)にしたがえる結合の統一が、単にわれわれの感性的直観に適用されたものにほかならない。であるから、いっさいの総合、知覚すらそれによって可能なのだが、いっさいの総合はカテゴリーにしたがう。そして経験とは知覚の結合による認識であるから、カテゴリーとは経験の可能なゆえんの条件であり、したがって経験のあらゆる対象についても先天的に妥当するのである」といわれていることを見ても、このことは明らかなのではないかと思う。

このようにしてカテゴリーが先天的な悟性概念でありながら対象に対して妥当性を持つということを論証することによって、カントはそのコペルニクス的転回といわれる思想、すなわち対象は主観の先天的な認識形式によって構成されるという思想が基礎づけられたと考えたのである。そしてもしこの思想が基礎づけられれば、それによって数学および自然科学においてどうして先天的総合判断が成立するかのゆえんもまた理解されたということになるであろう。それゆえカントは「原則の分析論」において先天的・総合的な原則を列挙し、それらについて詳細な証明を行なおうとするのである。「直観の公理」および「知覚の予料」の原則は数学的認識が先天的でありながら何ゆえに経験の対象について妥当するかを基礎づけるべき原則であり、「経験の類推」および「経験的思惟一般の要請」の原則は自然科学的認識においてどういう先天的原則が存しうるかを、基礎づけているのである。この原則論の証明が果たしてどこまで成功しているかという点についてもまた多くのカント解釈者の意見はまちまちである。

物自体と現象

こうしてカントは「先天的総合判断がいかにして可能であるか」という問題に対してその解答を与

え、数学および自然科学がどうして確実な学として成立するか基礎づけたのであるが、このカントの思想はまた他面われわれの認識は現象の世界に限られて物自体の世界には及び得ないという帰結を導いてくる。すなわち、われわれは決して対象を、それがわれわれの主観から独立にそれ自体において ある姿において認識するのではない。われわれの認識する対象はすでにわれわれの主観的な認識形式によって構成されているものである。それは物自体ではなく現象であるといわねばならない。われわれが通常、経験的世界と称するものはこの現象の世界に外ならないのである。

この物自体と現象との区別という思想はカントの哲学において極めて重要な役割を果たしているものであることはいうまでもないが、しかし同時にまた極めて困難な問題を含んでいることも否定することができない。なぜなら、もしもわれわれが現象のみを認識することができるだけであって物自体を認識し得ないとするならば、どうして物自体というものが存在するといえるかということがただちに疑問となってくるからである。カント哲学の反対者ヤコービが「物自体の仮定がなければカント哲学にはいることができず、物自体の仮定があってはカント哲学にとどまることができない」と批評したことは極めて有名であるが、まさに物自体に対するカントの考えは多くの議論の対象となっているのである。実際、物自体についてのカントの考え方は決して一義的ではなく、カントの真意がどこにあるかは決して容易に決定しうることではないが、しかしカント自身、物自体というものの存在を終始確信していたことは否定し得ないことであると思われる。なおここで注意しておくべきは、このようにカントはいわゆる経験的世界を現象界であると考えたが、このことは決して外界の対象が本当に存在するものではなくそれは単にわれわれの主観的観念であるということを主張するものではないということである。ショーペンハウアーがこのような解釈を取り、またこの点にカント哲学の意義を見出そうとしたことは歴史的に有名であるが、しかしこういう解釈は決してカントの真意をとらえたものとはいうことができない。このことはカントが自分の先験的観念論の立場を、外界の存在を疑わしいと考える実質的観念論と混同されることをきらって、第二版において「観念論論駁」を付け加えたことによって明らかであるといわねばならない。カントは外界の対象は、われわれが常識的に考える通り、われわれの外に存すると考えていたのである。カントはただこの対象が現象であると主張するにすぎない。われわれの外に存する対象は、「外に」ということが空間的規定であり、空間は直観形式である以上、決して物自体とは考えられないことはいうまでもないであろう。カントの先験的観念論はいわゆる外界の対象の経験的実在性を認めながら、ただそれは物自体ではなく現象であると考えることによってその先験的観念性を主張するものに外ならないのである。したがって物自体とは決して外界の対象というようなものを意味するのではなく、経験的世界を超越した世界を意味すると考えられねばならない。

5　伝統的形而上学の否定

無制約者

こうしてカントは数学および自然科学において先天的総合判断が可能であるゆえんを基礎づけることによって同時にわれわれの認識が現象界を越え出ることができないという結論を得たのであるが、

このような立場から見ると、なぜ従来の合理論的形而上学が誤りであったかという理由も十分に納得されることができるであろう。合理論的形而上学はわれわれの認識が現象界に限られるということを洞察せず、超経験的な対象を認識しうると考えてしまったのである。そしてそのためたとえば霊魂とか世界の本質とか神とかについて単なる思弁によって種々の論議を行なってきたのである。しかしすでに見たようにわれわれの認識は感性と悟性の共同によって成立するのであり、感性的直観がないところでは悟性のカテゴリーも客観的妥当性を持たないのであるから、合理論的形而上学のこのような試みは全く根本的に誤っているといわねばならないのである。ヒュームによって「独断のまどろみを破られ」たカントはこうして「先験的弁証論」において従来の伝統的形而上学に容赦なくその批判の斧をふるうのである。

カントによると、古来この種の形而上学が存在したということは決して偶然なことではなく、人間の認識の本性から生じてくる不可避的なことなのであるが、それは人間の認識が元来単なる悟性的認識に満足せず、さらに進んで悟性的認識に統一を与えようとする働きを持っているからである。これがすなわち理性の働きである。この理性の働きはわれわれの認識に体系的統一を与えるために必要でもあり有効でもあるが、しかし認識の体系的統一が成立するためには、どうしても、それ自身はもはや何ものによっても制約されていない無制約者を求めてゆかねばならない。なぜなら何かによって制約されているものについてはわれわれはそれを制約しているものを問わねばならず、したがって無制約者が見出されるまで体系的統一は完成しないからである。それゆえ無制約者を求めるということは理性に与えられた課題なのである。だがこのように無制約者を求めてゆくという課題が課せられているということは、現実に無制約者が存在するということを意味するものではない。ところがわれわれの理性はややもすればこの無制約者が現実に存在すると考えようとする傾向がある。そしてこのように無制約者が実在すると考えるようになると、無制約者というものは決して経験の領域のなかで見出されるものではないから、理性はここに人間の認識の持つ制限を忘れて、超経験的なものを認識しうると思い誤ってしまうのである。これは人間の理性にとって極めて自然な誤りであるといわねばならない。つまりカントによると、理性は元来悟性認識を統一づけようとするという意味で統制的に使用されるべきものなのであるが、それによって無制約者を構成しようとして、すなわち構成的に使用されると誤りに導いてゆくというのである。

こうして理性の構成的使用によって伝統的な合理論的形而上学が生じたのであるが、カントによると、合理論的形而上学は三種類の無制約者を考えようとする。それは理性がもともと推理の能力であるから、推理に定言的推理、仮言的推理、および選言的推理があるのに応じて、それぞれの無制約者を考えようとするからに外ならない。定言的推理とは「すべての人間は死ぬ。ソクラテスは人間である。ゆえにソクラテスは死ぬ」というような最も一般的な形式の推理であるが、この推理によって無制約者を求めてゆけば、それ自身もはや述語となり得ない主語（主体）を求めてゆくということになり、これは具体的には心という実体、すなわち霊魂である。仮言的推理とは「もしPであればQである。Pである。故にQである」という形式の推理であるが、この推理によって求められる無制約者とは、それ以上何ものをも前提しない前提であり、具体的にいうと世界の系列における究極的な制約である。選言的推理とは「PであるかQであるかである。Pである。ゆえにQでない」という形式の推理であるが、これによって求められる無制約者とはいっさいを包括したものであり、具体的には神である。カントはこれら三つの無制約者を考えようとする合理論的形而上学の誤りをそれぞれ純粋理性の「先験的誤謬推理」「二律背反」および「理想」と名づけて、その批判を詳細に展開しているが、ここではその一つ一つを述べる余裕はない。要するにこれらの誤りに対するカントの批判は、すでに述べたようにわれわれの認識というものが感性的直観のないところでは成立しないのであるから、無制約者というものが直観的に与えられるものでない以上、それについての認識は成り立ち得ないという点に存するのである。

二律背反

ただわれわれはカントが「二律背反」の場合に他の場合とは異なった考え方をしていることに注意するべきであろう。「先験的誤謬推理」や「理想」の場合には、カントは心とか神という無制約者を考えることは誤りであるとしてこれを単純に否定しているにすぎないが、「二律背反」の場合には無制約者についての考え方によって必然的に二つの相対立する立場が生じ、理性は不可避的に背反に陥ると考えるのである。すなわちわれわれはこの場合、系列全体が無制約者であると考えることもできるし、系列全体ではなく、系列のうちに無制約的な第一項が存するとも考えることができるというのである。前者のように考えれば無制約的なのは系列全体であって系列のうちに無制約的な第一項が存するのではないから、その系列は何らの始めを有せず無限である。これに対して後者の場合には無制約的な第一項が存すると考えられるのであるから、世界の系列は完結的となる。こうしてカントによると、「二律背反」の場合には定立の立場（系列の第一項を認める立場）と反定立の立場（系列全体を無制約者と認める立場）が同等の権利をもって対立することになるのである。

カントはこの二律背反は、(1)世界が時間的にはじめを持つか、また空間的に限界を持つかという問題、(2)実体はそれを分割してゆくとそれ以上分割できない単純な部分にゆきつくかという問題、(3)世界におけるすべての現象は自然因果律によって規定されているか、それとも自由という原因性があるかという問題、(4)世界の原因として絶対に必然的なものが存するかどうかという問題、について生ずると考えたが、このうち第一と第二の二律背反についてのカントの解決は定立の立場も反定立の立場も共に誤りであるということであった。これは今まで述べてきたカントの立場から見て、当然の解決であろう。なぜなら、無制約者というものをどういうふうに考えようとも、ともかく無制約者を考えるということ自体が誤っているのだからである。

しかしカントは第三と第四の二律背反についてはこれとは異なった解決を与えたのである。それはすなわち、現象界に関する限り定立の立場は誤りであり反定立の立場が正しいといわねばならないが、しかし物自体の世界については定立の立場も成立しうるのではないかということであった。第一と第二の二律背反については定立も反定立も誤りであるという解決を与えたカントは、第三と第四の二律背反については定立も反定立も共に真であるという解決を与えようとするのである。もとより物自体の世界は認識されることができないと考えられているのであるから、カントは決してここで定立の主張が物自体の世界について成立すると断定しているのではない。そうではなく、ただ定立の主張は物自体の世界について妥当する可能性があるといっているにすぎない。しかしとにかくカントはここでは第一、第二の二律背反に対するとは全く異なった態度を取っているのである。このカントの態度は『純粋理性批判』の内部においてはやや唐突のように見えるが、カントはこのことによって彼自身の実践的な形而上学の成立する余地を示そうとしたのであることはいうまでもないことである。

こうしてカントは「先験的弁証論」において従来の伝統的な形而上学を徹底的に批判した。合理論的形而上学を否定したのはもとより決してカントが最初であるというわけではない。カント自身ヒュームの批判によってその合理論的立場の欠陥を自覚したことはすでに述べた通りである。しかしこれほど組織的に合理論的形而上学を否定し去ったということは、何といってもカント哲学の持つ一つの功績であるといわねばならないであろう。カント以後現代にいたるまで、カントの否定するような意味での伝統的形而上学はもはやふたたび主張されなかったといえるのではないかと思われる。

6 実践的形而上学の基礎づけ

道徳律と意志

こうしてカントは合理論的形而上学を全面的に否定してしまったが、しかしカントの意図は決して形而上学を否定するところに存したのではなく新しく形而上学を建て直すところに存したことは前に述べたところである。しかし一見すると、このように合理論的形而上学が否定された以上、もはや新しく形而上学を打ち立てる余地は存しないように見えるかも知れない。カントによれば、われわれの認識は、経験の領域、すなわち現象界に限られ、決して超経験的な世界、物自体の世界に及び得ないものであった。合理論的形而上学の誤りはこの点を見誤って、超経験的世界を認識しようとしたことに存したのである。そうであるとするならば、われわれはどうして形而上学を持ちうるのであろうか。なるほどいわゆるコペルニクス的転回の思想によって物自体の世界が可能であるという余地は残されているであろう。しかしたとえ物自体の世界が存するとしても、それを認識することが不可能であるとするならば、形而上学は成立し得ないはずではないであろうか。それではカントはどういう仕方で、この認識不可能な物自体についての学としての形而上学を基礎づけようとしたのであろうか。

カントの考えは、われわれはたしかに物自体の世界を理論的に認識することはできないが、しかしわれわれは実践的にわれわれの道徳的意識を通じて物自体の世界の存在を確証することができるということであった。理論的形而上学は不可能である。しかし実践的形而上学は十分に可能なのである。カントの新しく基礎づけようとした形而上学はこの点で従来の形而上学とは全くその性格を異にするものであったのである。

この実践的形而上学が展開されているのはいうまでもなく『実践理性批判』においてであるが、カントはここでわれわれが道徳律の存在という意識を持っているということから出発する。このことはカントによると絶対に否定することのできない「理性の事実」なのである。われわれは決して単に反射的に行動するものではなく、常に何を為すべきかを考える。たとえいつも悪いことばかりしている人でも、自分は本当はこういう行為をすべきではないという意識を持つであろう。このようにどんな人でも道徳律が存在することを意識しているのであるが、このことはすなわち人間が意志の自由を持っているということを示すのである。なぜならもしもわれわれの意志が現象界における経験的事物のように単に自然因果律によって規定されつくしてしまうものであるならば、われわれは決して道徳律にしたがって行為すべきだということは生じてこないからである。だがこうして意志の自由が存在することが確証されれば、ここから物自体の世界に対する新たな展望が開けてくる。現象界のうちにおいては自由は存在しない。しかし今自由が存在するといえるとすれば、この世界は現象界ではなく物自体の世界であるといわねばならないからである。人間は行為の主体として意志の自由を持つ限り、物自体の世界、叡知界に属するといわねばならないのである。もとよりだからといって、われわれは物自体の世界を認識することはできない。しかし少なくともわれわれの実践理性にとって物自体の存在は確実なのであり、われわれは実践的な見地においてその存在を考えることはできるのである。新しい形而上学はこうして可能となる。形而上学を改めて学として打ち立てようとするカントの意図はこうして達成されるのである。

カントによると、道徳律とはすべての人に対して普遍的に妥当するものであるから、それは経験的な性格を持つものではない。経験的なものは決して必然性を持ち得ないからである。それゆえ道徳律は全くいっさいの質料的経験的規定を退けて、ただ形式の上から意志の規定原理を含む先天的なものであるといわねばならない。したがってそれは幸福とか快楽とかを目ざすものではない。幸福とか快楽というものは経験的性格のものだからである。それは幸福や快楽などを全く度外視して、ただ直接に「かくかくの行為をせよ」と命ずるものなのである。定言的命令なのである。われわれはまさに道徳律のために道徳律にしたがわねばならない。義務の意識から義務を行なわねばならない。われわれは行為の結果がわれわれにとってどういう結果をもたらすかなどということを顧慮すべきではないのである。われわれは自己の利益を目ざしながらも、「義務にかなった」行為をすることはできる。たとえば他人の信用を得ようとして、正直にふるまうというような場合はそれである。しかしカントによると、こういう行為は決して道徳的であるということはできない。われわれはただ純粋に「義務から」自己の行為を選ばねばならないのである。このように意志が普遍的な道徳律にしたがって自己を規定することをカントは意志の自律と名づけ、これに反して意志が質料的なもの、幸福とか快楽によって規定されることを意志の他律と名づけた。

以上のようなカントの道徳思想については、それが無内容な形式主義であるとか、あるいはあまりにも義務の意識を強調しすぎるという点で厳粛主義的でありすぎるというような非難がよく行なわれるが、たしかにこれらの非難も決して根拠のないものとはいえない面も存すると思われる。しかしたとえカントの道徳思想が種々の難点を含むとしても、とにかくわれわれはここにあらわれているカントの崇高な道徳意識に感銘するであろう。『実践理性批判』の結びにある有名な「それを考えることしばしばにしてしかも長ければ長いほど、常にいよいよ新しくかついよいよ加わりくる感嘆と畏敬をもって心を満たすものが二つある。私の上なる星の輝く空と私のうちなる道徳律である」という文章はこのカントの精神を最もよく示すものである。

霊魂と神の存在

さてカントは道徳律の意識を通じて意志の自由の存在を確認した。すでに見たように、カントは『純粋理性批判』において合理論的形而上学を批判し、合理論的形而上学における、霊魂の存在、世界における自由の存在、および神の存在の主張を否定した。このうち自由の存在は実践的見地から新しくその権利を認められたのである。それでは霊魂の存在、および神の存在はどうであろうか。カントはこの二つをも実践的見地からある意味でふたたび認めようとするのである。

カントによれば、霊魂および神の存在は決して積極的に主張されることはできない。しかしそれは実践理性の要請として認めることができるのである。実践理性は最高善を求めてやまないが、最高ということは最上ということと完全ということを意味している。最上善ということは道徳律を道徳律なるがゆえに遵奉するところの徳であるが、最高善とは単にこの最上善のみならず、さらに最上の有徳な人が幸福をも享受するということ、すなわち徳と幸福との一致を要求するのである。われわれはもとより幸福を目的として行為することは許されない。しかしわれわれが最上の有徳な生活をしてその結果幸福を享受するとすれば、それは決して道徳律に反することではなく、むしろ望ましいことであるといわねばならない。そしてこれが最高善なのである。

それでは最高善が実現されうるためには、どういう条件が必要であろうか。まず第一にそのためには最上善が実現されねばならないことはいうまでもない。しかし感性的欲望を持っている人間にとって、最上善を実現するということは現実には不可能であるといわねばならない。それゆえに最上善が実現されるためには、人間が人格的存在者として無限に存続するということ、すなわち霊魂が不滅であるということを前提しなければならない。こう考えてのみ、人間が絶えざる努力によって最上善の実現に無限に近づき、いつかはそれを完全に実現するようになると考えられるからである。さらに最高善が実現されるためには第二に徳と幸福との一致が考えられねばならないが、このことは人間の力によっては実現不可能であるから、この一致を可能ならしめるものとして全能な神の存在を考えねばならないのである。こうしてカントによれば、不滅な霊魂の存在と神の存在は道徳的見地から要請されるのである。この両者は共に決して理論的にその存在が認識されるのではないが、ただ道徳的立場に立つ以上どうしても必然的に存在すると考えられねばならないのである。それは単なる主観的な要求にすぎない。しかし必然的な主観的要求といえるのである。

霊魂および神の存在の要請というこのカントの思想がどれだけ意義を持っているかは疑問の存するところであろう。カントがこのように従来の合理論的形而上学において取り扱われていた不滅な霊魂、自由な原因性、全能な神の存在というものすべてをまた何とかして復活しようとしたところに、われわれはやはりカントがいかに強く当時の合理論的形而上学に影響されていたかを見ることができるとも考えられる。しかしとにかくカントにとっては霊魂や神の存在も絶対に疑い得ぬことであったのであり、またカントはこれによって全く新しい実践的形而上学が打ち立てられると考えたのである。

7　自然界と道徳界との統一

自然の合目的性

こうして『純粋理性批判』においてわれわれの認識は感性的世界、現象界に限られるものであり、物自体の世界はたとえ考えることは許されるとしてもそれを認識することはできないと主張したカントは、『実践理性批判』においてはわれわれの道徳的意識を通路として実践的見地から物自体の存在が確証されると考えたのであるが、ここに現象界と物自体界が対立させられることになる。前者は自然界であり、そこではすべては自然因果律によって必然的に規定される。後者は道徳界であって、そこには自由が存する。両者は全く独立的な世界であって、互いに何ら制限し合うことがないと考えられたのである。両者の間には越えがたい絶対的な断絶が存しているといわねばならない。

しかしながらこの二つの世界の間にはどうしても何らかの意味で関係があると考えないわけにはゆかない。なぜなら人間は道徳的主体として物自体界に属し、自由によってその行為を選ぶことができるのであるが、その行為の結果は感性界のうちにおいて実現されなければならないからである。自由に基づく道徳が感性界のうちにおいてその目的を実現するべきであり、また実現することが可能である以上、感性界は決して超感性界から全く独立だというわけにはゆかないであろう。もとよりカントによるとこの逆の関係は成立しない。すなわち感性界が超感性界に対して、あるいは自然界が道徳界に対して影響を与えるということは全く不可能である。しかし少なくとも道徳界が自然界に影響を与え得ることはたしかであり、この点でこの二つの世界のうちにはどうしても何かの関係があるといわなければならないのである。カントが『判断力批判』において取り扱ったのはこの問題であった。そしてこの意味において『判断力批判』は、『純粋理性批判』と『実践理性批判』との間を媒介しようとする意義を持っているのである。

それではカントはこの問題に対してどういう解答を与えたのであろうか。カントの答えは、自然界のうちに合目的性が存すると考えうるのではないかということであった。もしも自然のうちに合目的性が存すると考えられるならば、超感性界における目的が自然界のうちにおいて実現されるという可能性を理解することができるからである。自然界は全く必然的な自然因果律によって支配されている。しかしそれにもかかわらず自然界がその根源において超感性界の自由による目的の実現と調和するようにつくられているとするならば、自然因果律による必然性の法則は自由というものと矛盾しないと考えられることができるはずである。いいかえれば、自然の根源に超感性的なものが存し、その超感性的なものの目的にしたがって自然がつくられているとするならば、このとき必然と自由とは一致し、超感性界の自由による目的が何故に自然界において実現されるかを解しうるというのである。

それではこのような自然の合目的性ということは果たして実際に見出されるであろうか。カントによると、それは二種類の仕方で見出される。すなわち、美的な対象の場合と有機体の場合とである。第一の美的な対象の場合、われわれがある対象を美しいと感ずるとき、それは決してその対象がわれわれの感性的欲望を満足させるからでもなく、またその対象が道徳的価値を持っているからでもない。そうではなく、われわれがただ何の関心もなく、その対象を見ることによって美的感情が生じてくるのである。それではこれはどうしてであろうか。カントはこれはその対象の形式が主観的な認識能力に対して合目的的であることによっていると考えたのである。カントの考えによれば、判断力とは元来直観によって与えられる特殊を概念という普遍のもとに包摂する能力なのであるが、ある対象の直観が概念の能力として悟性の働きに対して調和的であるとき、そこに美という感情が生じてくるのである。

第二に有機体の場合について考えてみると、ここには客観的な対象それ自身の持つ合目的性が見出される。有機体にあっては何一つむだなものは存せず、全体と部分との間に統一的連関があることはいうまでもないことである。各部分は他のすべての部分によってのみ存在すると共に、また他の部分および全体のために存在すると考えられるのみならず、さらに各部分は他の部分を生産する機関として考えられねばならない。いかに精巧な機械であっても、それはその一部分の故障をみずからなおしてゆくことはできないが、有機体の場合にはそういうことが可能であるからである。したがってこのような有機体は決して機械論的な自然法則のみによって理解されることはできず、われわれはここにどうしても自然の合目的性ということを考えざるを得ないのである。

『判断力批判』の思想

こうしてカントは自然のうちに合目的性が存在することを見出し、これによって自然界と道徳界、感性界と超感性界の二元論を克服してゆくことができると考えたのであるが、この際注意すべきは、カントは決して自然のうちに合目的性が客観的に存在すると主張しているのではないということである。もしカントがこのような主張をしたとすれば、カントは明らかな自己矛盾を犯すこととなってしまう。われわれが現象界しか認識できないということは『純粋理性批判』において徹底的に強調されたところであった。そして現象界として見られる限り、自然界のすべては自然因果律によって説明されなければならないと考えられていたのである。したがっていま自然の根源には合目的性が存するということが認識されたと主張するなら、それは『純粋理性批判』の考え方と全く矛盾してしまうことはいうまでもない。カントが主張するのはただわれわれの反省的判断力が自然があたかも合目的性を持つかのごとくに自然を考察するということにすぎないのである。それは単に主観的な反省的な意味を持つにすぎないのである。美的な対象の場合の合目的性ということが単に主観的意味を持っていることはもとより当然のことであろうが、有機体の合目的性の場合といえども、われわれは決して実際に自然の根源に超感性的な何ものかが存し、その目的にしたがって有機体がつくられたと主張することはできない。ただわれわれは何らかの目的をもって働く超感性的な存在者を考える以外、有機体における合目的性を理解することができないといい得るにすぎないのである。したがってわれわれは自然についての学問的認識においては決して目的論的原理を用いてはならない。しかしそれにもかかわらず、われわれは主観的・反省的に自然の合目的性というものがあるかのごとく考えることは許されるのである。

このカントの『判断力批判』の思想が果たしてカントみずから考えているように超感性界と感性界との間の断絶の橋渡しの役割を演ずるものであるかどうかについては多くの人の意見の分かれるところであろう。自然界が実際に合目的的構造を持っており、それはその根源に存する超感性的存在者によってそのようにつくられているからだと主張するなら、感性界と超感性界の統一づけはたしかに行なわれているといえるであろうが、カントのように自然の合目的性ということはただわれわれが自然を考えるための主観的・反省的な原理にすぎないというだけでは、二つの世界の統一づけということもまた単に主観的意味を持っているにすぎないからである。しかしわれわれはカントがこのように控え目な態度をとったというところに、決して合理論的形而上学に逆もどりしまいとするカントの徹底した立場を見ることができるであろう。自然に合目的性が客観的に存在すると主張する途端に、われわれは物自体を認識しうるとなす形而上学の立場に復帰してしまうからである。『判断力批判』もまた『純粋理性批判』や『実践理性批判』に劣らず大きな影響を後世の思想に与えた。ゲーテはこの書を高く評価し、芸術と自然とを並置するカントの考え方を称揚して、「この書にわたくしは最もよろこばしい生涯の一時期を負うている」と述べているし、さらにシェリング、ヘーゲルなどのドイツ観念論の哲学が『判断力批判』の影響を強く受けているということもいうまでもない。ドイツ観念論の哲学はカントが『判断力批判』においてなしとげようとしたこと、すなわち自然界と道徳界との総合統一をその課題とすることによって展開したともいうことができると思われる。

以上において私はカントの思想を三批判書に即して簡単に叙述してきた。もとより私のこの解説も多少は主観的な解釈がまじり込んでいるかも知れないが、私はできるだけ客観的に叙述するよう努めたつもりである。しかしこの種の客観的な解説は、ただはじめてカント哲学を読む読者のためのごく大まかな案内図の役目を果たすにとどまることはいうまでもない。読者はこの案内図を一応のたよりとしてみずからカント哲学という高峰にわけ入らねばならない。そうすれば、この案内図によってはうかがい知ることのできない無限にして尽きることない偉大な景観をみずから見出すことができるであろう。人はそれぞれのカントを読むといわれる。まことにカントの哲学ほどいろいろの人によっていろいろに解釈される哲学も少ないであろう。われわれがカント解釈の歴史をたどってゆけば、それによってカント以後の哲学思想の変遷の大体を知ることができるとさえいい得ると思われる。そしてこの多くのカント解釈はいずれもそれぞれの面でカント哲学の本質をつかんでいるのである。カント哲学はこの意味で極めて大きな哲学であるということができる。カント以後の哲学思想はほとんどすべてカント哲学のうちに何らかの形で含まれているとも見ることができるであろう。

われわれの簡単な解説によってさえ、われわれはカント哲学のうちに存する多くの面を指摘することができよう。カントは従来の伝統的形而上学を徹底的に否定した。そうしてわれわれの認識はただ経験界に限られると考えた。この点を注目すれば、カント哲学は実証主義とも共通する面を持っている。しかしカントは形而上学の否定を意図したのではなく、形而上学を新しく復活しようとしたのであった。そしてこの点を強調すれば、カント哲学は昔からの正統的な形而上学的哲学のうちに位置づけられることができよう。しかもカントの打ち立てようとした形而上学は実践的形而上学であり、人間の持つ自由の確認の上に築かれたものであった。この点においては現代の実存哲学とも一脈相通ずるものを持っている。さらにまた『判断力批判』においてカントの示した自然の合目的性という考え方は深く宗教とも結びついているとも考えることが許されるであろう。このようにカント哲学は多くの側面を、いや無限ともいうべき多くの要素を含んでいるのである。このなかの何がカント哲学の本質であるのか、それはそれぞれの人がみずから見出してゆかねばならない問題である。カント哲学はおそらくは今後とも多くの人にそれぞれ新しい面を示してゆくのであろうと思われる。

第二章　フィヒテ

フィヒテとシェリング

フィヒテとシェリングは言うまでもなく、いわゆるドイツ観念論の代表的な哲学者であるが、この二人の哲学に対する見方ないし評価は、近年になって以前とはかなり変わってきている。それは一言で言えば、従来は大体においてフィヒテ、シェリングの前期の思想に重点が置かれ、それを中心として研究され評価されていたのに対して、現在はむしろその後期の思想の意義を積極的に評価しようとする傾向が存するということである。

従来フィヒテ、シェリングの前期の思想のみが重点的に取りあげられていたのにはその理由がある。というのは、哲学思想史の展開の上から見て重要な役割を演じたのは、この二人の場合、その前期の思想であって決して後期の思想ではないからである。フィヒテはカント哲学から出発して、若くしてすでにその独自の哲学を打ち立てた。シェリングはまたフィヒテ哲学から出発しながら、これも間もなくフィヒテ哲学から離れて自己の立場を見出していった。さらにヘーゲルはシェリング哲学にはじめ同調しながら、やがてシェリング哲学を痛烈に批判し、みずからの哲学思想を樹立したのである。このように思想史の上から見ると、シェリングに対して影響を与えたのはフィヒテの前期の思想であり、またヘーゲルに対して影響を与えたのもシェリングの前期の思想である。カント哲学を基礎としながら、フィヒテ、シェリング、ヘーゲルと展開してゆくドイツ観念論哲学の発展過程のうちにおいて意味を持っているのは、フィヒテ、シェリングにあっては、まさにその前期の思想のみなのである。

しかもヘーゲルの哲学はドイツの国内においてのみならず、広くヨーロッパの哲学界に圧倒的な力を持つにいたり、ヘーゲル以後の哲学はヘーゲル哲学に対する対決からその新しい歩みを踏み出してゆくことになる。ショーペンハウアーの非合理主義的な哲学、マルクス、エンゲルスの弁証法的唯物論、キルケゴールの実存哲学思想等、いずれもヘーゲル哲学との対決から生じたものであって、この意味では、ドイツ観念論の哲学はヘーゲルにおいて完成し、そこから新しい哲学が生じてきたといっても決して誤りではないのである。この思想史的展開のうちにおいて、フィヒテやシェリングの後期の思想はどこにもその場所を見出さない。それゆえにわれわれが思想史の流れを追ってゆく限り、フィヒテとシェリングの場合、その後期の思想を無視しうるのであり、その限り従来の見方が誤っていたとは決して言うことができないのである。

しかしながら少し角度を変えて考えてみると、こうした従来の見方が極めて一面的なものであることは否定することができないであろう。たしかにフィヒテやシェリングの後期思想は思想史の上ではほとんど何らの役割をも演じていない。しかしそれだからといってフィヒテやシェリングの思想は決してその前期の思想に尽くされてしまうものではないからである。フィヒテの前期の思想はある意味ではシェリングによって批判され、そのなかに吸収摂取されたと言えるかも知れない。しかしフィヒテ自身はもとより自己の哲学に対するシェリングの批判を完全に認めたわけではなく、その独自の思索を続けて後期の思想を打ち立てていったのである。同様にシェリングの前期の思想もヘーゲルによって批判されたけれども、シェリングはこの批判によって挫《くじ》けたのではなく、むしろヘーゲルの哲学を反批判することによってその後期の思想を樹立していった。とくにシェリングの場合には、ヘーゲルの死後も長く生きていたのであり、シェリングはある意味ではヘーゲルの死後まもなく始まった反ヘーゲルの運動の一翼を担ったとも言うことができるのである。このシェリングの後期の思想はみずから積極哲学と称したものであり、最近は実存哲学的立場からまた新しくその意義の再評価が行なわれつつある。

このようにフィヒテもシェリングもともにその前期の思想に立ち止まることなく、後期においてもその思想を展開させて多くの著作を残しているのであるから、この意味ではフィヒテ、シェリングの哲学思想をそれ自身として歴史的に研究しようとするならば、従来のように単にその前期思想にのみ重点を置くことが誤りであることは言うまでもないことである。したがって最近の研究が二人の後期思想を重く見るようになったことは当然のことであるとも言えるであろう。しかし元来哲学研究というものは、単にいろいろの哲学者の思想を忠実に歴史的に把握することを目ざすものではないであろう。もとよりこの種の純粋に哲学史的関心から生ずる研究も無意義であるとは言えないが、しかし哲学とはもともと自己の哲学思索というものから全く切り離すことはできないであろう。われわれが哲学者たちの思想を研究する場合でも、それは多くの場合その哲学者の思想に惹かれるためであり、その哲学者の思想から自己の哲学思索のための何らかの示唆を読み取りうるためであろう。一般的に言って、われわれがもしある哲学者の思想に何らかの意義を認めなければ、その人の思想の研究を行なうことはないと言えるのではないかと思われる。

このように考えてみると、われわれはたしかにフィヒテやシェリングの後期の哲学思想を軽視する従来のような見方はフィヒテやシェリングの哲学思想そのものに対しては公正を欠く見方であると言わねばならないけれども、しかしそれだからといって、後期の思想を重んずる見方が絶対に正しいとは必ずしも言うことができないであろう。フィヒテやシェリングの後期思想はそれぞれどれだけの意義を持っているのであろうか。その前期の思想がヘーゲル哲学をうみ出すための地盤を作り出す役割を演じたとするならば、その後期の思想はヘーゲル哲学に対して独自のそれ自身の積極的意義を持っているのであろうか。この点についてのはっきりした評価がなされない限り、単に両者の後期思想を重視しても、それは未だ十分とは言えないのではないであろうか。

この点で私は現在のフィヒテ、シェリングの後期思想を重視する見方も決してはっきりした成果を挙げているわけではないと考える。後期の思想に焦点をあてて両者の哲学思想を見直そうとする試み自体は当然生ずべくして生じたものと言うことはできるであろうが、その後期思想をどう評価すべきかに関してはなおその見方は動揺していると言えるのではないであろうか。この意味でフィヒテとシェリングの哲学はなおその意義の探求を今後の研究に委ねられているのではないかと考えられる。

1　生い立ちからイエナ赴任まで

ヨハン・ゴットリープ・フィヒテ（Johann Gottlieb Fichte）は一七六二年五月十九日ザクセンの小村ランメナウに紐織工の子として生まれた。八人の子供という大家族の長男であった。幼いときから父の仕事を手伝ったり、がちょうの世話などをしたりする生活を送っていたが、しかし天賦の驚くべき記憶力を持っており、牧師の説教をその言葉通りくり返すことができた。九歳になったとき、ある日曜日の朝、ある男爵が親戚をたずねてランメナウに来て、評判の高いその地の牧師の説教を聞こうとした。しかし男爵が教会まで来たとき、すでに説教は終わっていた。男爵は落胆したが、村人からフィヒテを呼べば説教をもとの通りの形で聞くことができると教えられて、フィヒテを呼んだ。そしてこの幼いフィヒテの才能に感心してフィヒテを自分のもとに引き取って教育を受けさせたのである。

こうした偶然によってフィヒテは思いがけず学者への道の第一歩を踏み出すことになった。フィヒテの後援者であった男爵は不幸にしてフィヒテが大学に進む前に死んでしまったが、フィヒテはとにかく学業を続けることができ、一七八〇年イエナ大学神学部にはいり、やがてライプチッヒ大学に転じて法律や哲学を学んだ。フィヒテの大学生活は経済的困窮のため非常に苦しいものであった。糊口の資を得るため、断続的に学業を学ばねばならなかった。彼はザクセンの諸方で家庭教師をしながら窮乏の生活を送り、ほとんど絶望の極に立ち至ったとき、チューリッヒに家庭教師の口があり、一七八八年フィヒテはそこに移った。ここでフィヒテは後年、彼の妻となったヨハンナ・ラーンと知り合う。ヨハンナは当地の商人ハルトマン・ラーンの娘で、その母はそのときすでに亡くなっていたが、詩人クロップシュトックの妹であった。ヨハンナはフィヒテより四歳年長であり、取り立てて美しくもなかったといわれるが、フィヒテは自分を深く理解してくれるヨハンナに強く惹かれ、二人の間には終生のあいだ続いた真の愛が芽生え、一七九〇年婚約した。

カントへの傾倒

その年フィヒテは再びライプチッヒに帰った。ここでかれは著述家たらんとするなどいろいろ苦労したが、計画はすべて成功せず、また家庭教師をするほかはないと考えていたとき、またしても全く幸運な偶然が彼を訪れたのである。それはある一人の学生がカント哲学を教えてもらいたいと言ってきたということである。それまでフィヒテはカントについては難しい書物をいくつか書いた人ということしか知らなかった。ところがフィヒテは生活のためその学生の申し出を引き受けてみずからカントの書物を読みはじめたのである。しかしフィヒテはカントの書物を読んでゆくうちにその思想にすっかり惹きつけられてしまった。そしてこれによってフィヒテの生涯に決定的な方向が与えられることになった。今までは何を一生の仕事とすべきかに迷っていたが、今やその迷いは全く捨てられた。彼はカント哲学の研究に没頭し、その思想を把握し咀嚼することに少なくとも当面の人生の目標を見出したのである。哲学者たるべき道はこうしてきめられた。その生活は相変わらず苦しかったが、フィヒテは明るく幸福であった。

それではフィヒテはどうしてカント哲学にこれほどの情熱を捧げたのであろうか。カント哲学のどこがこれほどの魅力を持っていたのであろうか。それはカント哲学が人間の意志の自由を新たな立場から基礎づけたという点であったようである。カント哲学に接する以前、フィヒテはいっさいの事物の生起が神によって必然的不可避的に決定されているという決定論的考え方を取っていた。彼がスピノザを研究していたかどうかははっきりした確証はないようであるが、少なくもフィヒテの思想がスピノザ的決定論の方向に向かっていたことは確かであると考えられる。フィヒテは元来容易に人と妥協せずあくまでも己れを貫いてゆくという意志的な人であったから、おそらくこうした決定論的思想はフィヒテとは本質的に相容れないものであったであろう。フィヒテが後に、「知識学への第一序論」において、「ひとがどういう哲学を選ぶかは、その人がどういう人間であるかによっている」と述べていることは極めて有名であるが、もしこのようにその人の哲学とその人の性格とが密接に連関しているものであるとするならば、フィヒテが決定論的思想に満足していたということは考えられない。ただフィヒテは理論的に正しく推理してゆく限りどうしても決定論的立場を取らざるを得ないと考えていたのではないであろうか。ところが、カントの哲学は今までの哲学とは全く異なった仕方で人間の意志の自由を基礎づけようとしていた。カントによれば、因果的必然性によって支配される決定論的世界は単に現象としての客観の世界にすぎない。そしてその客観の世界はもともと主観・自我によって構成された世界なのである。決定論的な世界の根底にはすでに自我の働きが存在しているのである。そうであるとすれば、自我そのものは決定論のわくのなかに入らないはずであろう。カントの哲学はこうして現象界に属しない自我の働きを考え、ここに人間の意志の自由の根拠を見出したものと言えるであろう。フィヒテはここに全く新しい考え方に接したのであり、今まで認めようとしても認めることのできなかった人間の自由が基礎づけられていることを見て狂喜したのであった。

イエナ大学へ

フィヒテはカント哲学の研究に打ちこんだ。しかしその間もフィヒテの生活状態は改善されず、さらにヨハンナの父が破産したり、フィヒテ自身は家庭教師の口をワルシャワの伯爵家に求めて失敗に終わったりしたが、一七九一年七月ケーニヒスベルクに行きカントを訪問した。カントははじめフィヒテに特別の関心を示さなかったが、あくまでもカントの知己を得ようとしたフィヒテは『あらゆる啓示の批判の試み』という論文を書き、これをカントのもとに送った。それはカント自身がまだ発表していない宗教哲学の問題を扱ったものであった。当時カントは『純粋理性批判』『実践理性批判』および『判断力批判』のいわゆる三批判書はすでに著わしていたが、まだその宗教論である『単なる理性の限界内の宗教』を出していなかったのである。カントはフィヒテのこの論文を通読せず、その一部のみに目を通したようであるが、それでもこの論文の著者の才能を知ってそれ以来カントはフィヒテを好意的に取り扱うようになった。しかしフィヒテは貯蓄もなくなって家庭教師の口を探そうとしたが見つけることができず、ついに意を決してカントに借金を申しこむ手紙を書いた。カントはこの申し出を断わったが、フィヒテの論文を出版してはどうかと言い、そのための助力を約した。カントはこの方法によってフィヒテを助けようと考えたのであろう。

フィヒテは一七九一年九月にはダンチッヒの傍のクロコフの貴族の家の家庭教師になってケーニヒスベルクを去ったが、彼の論文は翌年の春に出版された。そしてこの書物が奇妙な事情によってフィヒテにとって非常に有利な結果をもたらしたのである。というのは、この書は、おそらく書店の思惑によって、著者の名前を記さずに出版されたのであったが、そのためこの書の著者はカントではないかと一般に考えられてしまったからである。人々はちょうどそのころ宗教論についてのカントの著書が出ることを期待していたのである。やがてカントがこの書の著者がフィヒテであることを発表したが、これによってフィヒテの名は一挙にして知られるに至ったのであった。

著述家として名声を得たフィヒテは一七九三年六月チューリッヒに帰り、十月ヨハンナと結婚する。フィヒテはここでしばらく平穏な生活を送り、その思想を深めていたが、やがてイエナ大学にいたラインホールトが他に移ることになって、ヴァイマール政府はフィヒテに注目し、フィヒテをその後任として任命することに決定した。ゲーテの推挙もその決定に大きな役割を果たした。一七九四年五月、フィヒテはイエナに赴任した。

イエナにおいてフィヒテはすぐはなばなしい活動を開始した。イエナ大学で行なった公開講義は聴衆が堂にあふれ、フィヒテの名声はたちまち前任者ラインホールトのそれを凌ぐようになった。著作活動においてもフィヒテは極めて精力的に次々に大部の書物を刊行していった。カント哲学への傾倒は依然として変わらなかったが、しかしフィヒテはカント哲学をさらに統一的体系的に組織しうるし、またしなければならないと考え、ここに彼独自の思想がうまれていた。この思想が今や発酵し、ここにフィヒテの前期思想と称せられる立場が確立されていったのであった。

フィヒテは一七九四年にすでに『知識学の概念について』を出版し、またイエナ大学の公開講演に基づく『学者の使命』を出し、さらに一七九四年から九五年にかけてその代表的な主著『全知識学の基礎』を出版した。さらに一七九六年には『自然法の基礎』を、九八年には『道徳論の体系』を、また「知識学への第一序論」および「第二序論」（ともに一七九七年）を含む多くの小論文を発表したのである。フィヒテの著作活動の最も旺盛な時期であった。

2 前期思想

カント批判

それではフィヒテのこの時代の思想はどういうものであったのであろうか。フィヒテはどういう点でその独自の哲学への道を見出したのであろうか。われわれはこれを『全知識学の基礎』を中心として簡単に見ておこう。

フィヒテはみずからカント哲学を継いでいると考えており、自分の哲学はカント哲学の精神と完全に合致していると確信していた。しかしフィヒテによると、カント哲学の限界は『純粋理性批判』においては単に理論理性を、『実践理性批判』においては単に実践理性を取り扱い、この二つの理性がただ並列的に並べられているのみであって、その間に統一的連関がないということに存する。この意味でカントは「どこにも全哲学の基礎を取り扱っていない」(「知識学への第二序論」)のである。フィヒテはこのカントの限界を乗り越えて統一的な体系を建設しようとしたのであり、もしカントがこのような体系を建設したならば、知識学の著者はその努力を免れたであろう、とさえ言っているのである。たしかにこのようなフィヒテの着眼は鋭いものを持っていると言えるであろう。カントは『純粋理性批判』において理論理性の働きが現象界の成立の根底に存すると主張する。しかしそこにおいてカントが強調するのは、それゆえにわれわれの理論理性は単に現象界を認識しうるのみであって、現象界を越えたもの、すなわち超感性界ないし物自体の世界は決して認識しえないということであった。

われわれがあくまでも超感性界を認識しようとして理性のア・プリオリな概念であるカテゴリーを超感性的なものに適用しようとすると、そこには大きな誤りが生じてくるのである。だがこのように『純粋理性批判』においては理論理性の限界を強調するカントは、『実践理性批判』においては実践理性それ自身が決して現象界に属するものではなく超感性界に属するものであることを力説して、その自由な自発的な働きに注目する。そして現象界のうちには見出されない自由を実践理性に帰することによって道徳を根拠づけたのである。もとより『純粋理性批判』と『実践理性批判』との間には矛盾は存しないと言えるであろう。カントはみずから「信仰に場所を与えるために知識を取り除かねばならなかった」と言っているが、まさにわれわれの認識しうる世界が現象界に限られているがゆえにこそ、超感性界・物自体界の存在の余地が認められるのであり、実践理性の自由も確保されるのである。しかし理論理性といい実践理性といっても、それはともにわれわれの理性であり自我であろう。それではどうしてこの同一の自我が一方実践的自我としては自由でありながら、他方理論的自我としてはその働きが限界づけられているのであろうか。この二つの自我はどういう仕方で連関しているのであろうか。カントの哲学はこの点についてたしかに何らの解明も与えていない。そこでは理論理性と実践理性はいわば全く異なる二つの理性として見なされているようにさえ思われる。しかし人間の理性ないし自我が理論的働きをする場合と実践的働きをする場合とで全く相異なるということは考えることができないであろう。この二つの自我は何らかの仕方で連関づけられていなければならないであろう。フィヒテがカント哲学では「全哲学の基礎」が取り扱われていないと言ったのは、まさにこの点の洞察によるものと言えると思われる。

二つの自我

それではフィヒテはどのようにしてこの全哲学の基礎を見出そうとしたのであろうか。それは理論的自我の根底に実践的自我の働きを考えようとすることによってであった。フィヒテによれば、実践的自我の働きがなければ理論的自我といえども決して可能ではないのである。自我の働きはもともと実践的なものなのであり、この実践的な働きを前提してはじめて理論的な働きも成立するのである。すなわち、フィヒテは理論を実践的なものへ従属させようとしたのであった。

フィヒテによると、理論的自我とは対象に対して受動的な態度を取るものであり、これに対して実践的自我とは対象に対して能動的な態度を取るものである。なぜなら、われわれは理論的態度を取る場合には対象に対してどう働きかけるべきかということを考えずに、ただ対象がいかにあるかを認識しようとするものであるのに対して、実践的態度においては単に認識するのではなく、対象に対して働きかけようとするからである。さて、しかし、それでは対象を認識するという理論的自我の働きはどうして成り立つのであろうか。フィヒテによれば対象とは元来ある働きに対して「逆らい、またはそれに対して立っているもの」ということを意味する。したがって、それは必然的に対象がそれに対して定立されるところの働きを予想しているのである。このような働きが存在しなければ、対象は決して逆らうものではなく、また何かに対して立つものでもなく、したがって対象とはなりえないであろうからである。すなわち対象とはある働きを阻害する抵抗であると言わねばならない。そうであるとすれば、理論的自我に対して対象が存しているということは、まず自我の働きが存し、この自我の働きが対象によって阻害され、抵抗されるということにほかならない。しかも自我の働きが対象によって抵抗されるということは、自我の働きが対象を乗り越えてどこまでも進んでゆこうとすることでなければならない。もし自我の働きが対象の抵抗にあってそこで止まってしまうならば、対象の抵抗は自我にとってもはや抵抗としては受け取られないであろうからである。すなわちまず自我の働きが存在する。そしてその自我の働きが阻害され抵抗される。しかし自我はどこまでもこの阻害を乗り越えてゆこうとするのであり、そのゆえにこの抵抗が自我の働きに対して逆らうもの、それに対して立つものとして自覚され、ここに対象が成立するのである。

それではどうして自我はどこまでも自己に対する阻害を乗り越えてゆこうとするのであろうか。フィヒテによると、それは自我というものは本来全く無限の純粋な働きであり、ただ絶対的に自己自身を定立するものであるからである。フィヒテは、このような自我の純粋にして無限な働きを事行《タートハンドルング》と名づけた。もとよりこうした純粋に自己自身を定立する自我はフィヒテによって絶対的自我と称せられているものであって、決してわれわれ人間の有限的自我そのものではない。有限的自我の働きは決して無限なものではなく、したがってその自我の働きは阻害に出会うのである。この有限的自我の働きを阻害するものは自我でないものという意味で非我と名づけられねばならない。われわれは何ゆえに自我の働きが非我によって阻害されるかは理解することができない。それはどうしても認めねばならない事実であるというほかはない。有限的な自我に対してはその働きを阻害する非我が対立するのである。むしろそのゆえにこそわれわれの自我は絶対的自我ではなく、有限的な自我なのである。しかしそれにしても、われわれの有限的な自我もまた自我である以上、元来はどこまでも非我を絶滅して純粋に自己自身を定立すべきものなのである。すなわち、それは絶対的自我を理念としてその無限の働きを実現すべく努力すべきなのである。それゆえにこそ有限的な自我といえども非我の阻害を乗り越えてゆこうとするのであり、ここに非我の働きが抵抗として受けとられ、非我は対象となるのである。

三原則について

フィヒテがその『全知識学の基礎』のはじめにおいて三原則を打ち立てていることは有名であるが、この三原則の意味するところも要するに右に述べたことにほかならないと思われる。フィヒテが第一原則として立てるのは「自我は根源的に絶対的に自己自身の存在を定立する」というものである。これは言うまでもなく、さきに述べた絶対的自我の働きを叙述するものにほかならない。有限的な自我においては定立する自我の働きと定立されるものとは相異なっているが、絶対的自我においては定立するものも定立されるものもともに同じく自我であり、それは純粋な働きである。そしてこれこそ自我というものの本源的な姿であり、有限的な自我の実現すべき理念なのである。

第二原則としてフィヒテが立てるのは、「自我に対して絶対的に非我が反定立される」というものである。これは有限的な自我の本質を示したものと言えるであろう。有限的な自我の働きに対しては、その何ゆえであるかは決して理解されないけれども、とにかく絶対的にその働きを阻害するものが存立するのである。そしてそれは自我ではないものであるから、非我と呼ばれねばならない。すなわち非我が自我の働きに対して絶対的に反定立されるのである。

ところがフィヒテによると、上述の第一原則と第二原則とは互いに矛盾する。第一原則によれば、自我は絶対的に自己自身を定立するのであるから、そこには非我の存立の余地は存しない。しかし第二原則によれば、自我に対して非我が反定立されるのである。こうしてフィヒテはこの矛盾を解決すべき第三原則を立てるのである。それは「自我は自我のなかに可分的な自我に対して可分的な非我を反定立する」というものであった。この第三原則は一見極めて難解であるが、要するに自我と非我という全く対立的なものがともに定立されるためには自我と非我とが互いに制限し合うということ、すなわちともに一部分定立され一部分廃棄されるということが成り立たねばならないということを言っているのであると考えることができよう。そうであるとすればこの第三原則の意味するところは、有限的自我の現実の姿であると言えるのではないであろうか。第二原則の示すように、有限的自我に対しては非我の働きが反定立される。そうすれば、現実に有限的自我は非我によって制限されているのであり、しかしまた同時に非我は自我によって制限されるのである。フィヒテはこの第三原則のうちには「自我は自我によって制限されているものとして非我を定立する」ということと、「自我は非我によって制限されているものとして自己自身を定立する」という二つのことが含まれていると考えている。そして第一の非我を制限する自我は実践的自我であり、第二の非我によって制限されている自我が理論的自我であると言うのである。すなわち、フィヒテはわれわれの有限的自我は理論的自我も実践的自我もともに非我による制限を免れるものでないという同一の性格を持つものであり、ただその相違は理論的自我が非我によって制限されているという受動的態度が強いのに対して、実践的自我は非我を制限するという能動的態度が強いという点に存するということを言おうとしたものであると言えよう。

こうしてフィヒテは、カントにおいて単に並列的に並べられていた理論理性と実践理性ないし理論的自我と実践的自我を同じ自我の二つの働きとして連関づけたのであるが、すでに述べたように、自我の働きが非我によって制限されるということを自覚するのは、自我の働きが非我の阻害を乗り越えてゆこうとするからであった。自我が絶対的自我の無限の自己定立の働きを理念として努力するからであった。そうであるとすれば、自我の働きは本質的に非我を制限しようとする実践的な性格のものなのであり、対象をただ認識しようとする理論的自我といえども、その根底にこの実践的自我の働きが存在するがゆえにこそ、成立することは言うまでもないであろう。この意味で理論的自我は実践的自我に従属するのであり、実践的働きこそ自我の本性なのである。フィヒテはこのように考えることによって、カント哲学の取り扱わなかった「全哲学の基礎」を見出し、理論理性と実践理性とを統一的に把握しうると考えたのであった。

『全知識学の基礎』におけるフィヒテの思想の根本はほぼ以上のごとくであるが、このようなフィヒテの思想がどこまでも非我を絶滅して自己自身を純粋に定立する絶対的自我を目ざしてゆく自我の実践的働きを重視するという点で、極めて著しい倫理的性格を有していることは明らかであろう。フィヒテにおいては、自我の意志的な努力こそわれわれのすべての働きの根源なのであり、理論的認識の対象でさえこの努力がなければ成立しないのである。したがってフィヒテはその『道徳論の体系』においても、絶対的自我すなわち真の自我を実現しようとする意志的努力を道徳の根本原理と考え、自己の理想を目ざしてそのために義務をなすべきことを強調したのである。したがってこの時期のフィヒテの思想は通常、倫理的観念論と称せられている。

絶対的自我の概念

こうしてフィヒテはたしかにカント哲学を乗り越えて独自の体系を打ち立てたのであるが、しかしこのフィヒテの体系が真にカント哲学の欠点を補い、それを発展させたものであるかどうかは見る人によって意見の異なるところであろう。すでに述べたように、フィヒテ自身はあくまでも自己の哲学はカント的立場を離れていないと考えていたのであるが、しかしかつてフィヒテの『あらゆる啓示の批判の試み』を賞讃してその出版の手助けをしたカントは、フィヒテの知識学について次のように述べているのである。「単なる自己意識、しかも素材を持たない、したがってまたこれに対する反省は適用さるべき何らの対象を持たず、それ自身は論理学をも超越するというような単なる思惟形式だけの自己意識は読者に奇妙な印象を与える。すでに表題（知識学という）を見ただけでほとんどその成果を期待することができない。なぜならすべて体系的に構成された学説はすなわち学だからである……」（一七九八年四月五日、ティーフトルンク宛の手紙）。カントの目から見れば、フィヒテの知識学はカント哲学の発展であるどころか、むしろ許すべからざる方向に歪めたものと考えられたに違いない。

問題はフィヒテの言う絶対的自我の概念にあると言えるであろう。フィヒテは絶対的自我というものを考えることによって「全哲学の基礎」を置きえたと考えた。有限的自我は絶対的自我の無限な働きを理念とすることによってどこまでも非我を乗り越えてゆこうとするのであり、それによって実践的自我と理論的自我は連関づけられることができたのである。しかし絶対的自我というものをわれわれはどうして考えることができるのであろうか。絶対的自我を考えることは果たして根拠があるのであろうか。さきに引いた手紙のなかでカントが非難している「単なる思惟形式だけの自己意識」というのももちろんこの絶対的自我のことを意味していることは言うまでもないことである。

フィヒテの絶対的自我とは、すでに述べたように、決して非我によってその働きを妨げられるような有限的な自我ではなく、どこまでも無限に自己自身を定立するものであった。それではこのような絶対的自我とは具体的には何であろうか。それは神的な自我なのであろうか。神は言うまでもなく無限者であり絶対者であると言わねばならないから、もし神というものを考えれば、神の自我はその働きが非我によって妨げられることのないものであろう。神はいっさいであり、したがって神の自我に対立する非我は全く考えることができないからである。それゆえ、神の自我とは「根源的に絶対的に自己自身の存在を定立する」ものであり、その働きは何ものによっても阻害されない無限な働きであろう。そうであるとすれば、このような神的な自我こそ絶対的自我であるとも考えられるであろう。それゆえに、フィヒテの絶対的自我を神的な自我と解釈する人も多いのである（クローナー、ハイムゼートなど）。

しかしフィヒテ自身は必ずしも絶対的自我をただちに神的自我と同一であると考えてはいないのではないかと思われる。というのは、フィヒテは経験的意識の事実から出発して、そこから経験的規定を次々に取り除いて、その後に純粋に残るところのものを見出してゆけば、そこに第一原則の定立する絶対的自我が見出されると考えているからである。もしそうであるとすれば、絶対的自我とは決してわれわれの意識を超越した神的な自我ではないであろう。そうではなく、それはむしろわれわれの経験的意識の根底に存するものであり、いわば経験的意識を成立せしめる制約であると言うべきであろう。事実、フィヒテはその『全知識学の基礎』のなかで、「第一原則はわれわれの意識の経験的諸規定の下には現われもせず、また現われることもできず、むしろあらゆる意識の根底に横たわり、それのみが意識を可能にするような事行を表現するものでなければならない」と述べているのである。このことはさらにフィヒテが「知識学への第二序論」において絶対的自我、あるいは純粋自我というものはカントの先験的統覚と同じであると述べているとき一層明瞭であろう。カントの先験的統覚とはすべての意識において常に同一である「われ思う」という働きであるが、フィヒテはこのカントの先験的統覚に触れつつ次のように言っているのである。「それゆえにわれわれはカントにおいて全く確然と、知識学が提出したのと全く同じ純粋自我の概念を見出す。そしてカントは純粋自我がいっさいの意識に対していかなる関係にあると考えたのであろうか。それは意識を制約するものとしてである。それゆえにカントにおいてもすべての意識の可能性は、知識学におけると同じく、自我あるいは純粋自己意識の可能性によって制約されているであろう」。

このように、私の見るところでは、フィヒテの絶対的自我とは必ずしも神的な無限的自我ではなく、われわれのあらゆる意識の根底に存している自己意識であると見るべきであるが、もしこのように見ることができるとするならば、フィヒテはたしかに絶対的自我というものを考えるべき根拠を持っていたと言うことができるであろう。絶対的自我が神的な自我であるとするならば、その知識学の第一原則として絶対的自我を定立したフィヒテはおそらく全く根拠なき独断的主張をしていると評されねばならないであろう。しかしそうではなく絶対的自我が「われ思う」というカントの先験的統覚にほかならないとするならば、フィヒテは決して根拠なき独断的主張をしているわけではない。「われ思う」という自己意識の同一性が存しなければ、いっさいの経験的意識は成立しないということは十分に言えるであろうからである。この意味でフィヒテはたしかにみずからそう称するように、どこまでもカント哲学のわくのなかに忠実に止まろうとしていたと言えると思われる。

神的な自我

しかしそれではフィヒテの知識学は全くカント哲学と一致するものであろうか。知識学に対するカントの批判はすべて誤解ないし無理解に基づくものであろうか。私は必ずしもそうであるとは言えないように思う。それはすなわちフィヒテにおいて絶対的自我が有限的自我に対する理念として考えられているという点である。すでに述べたように、有限的自我はどこまでも絶対的自我を理念として非我を絶滅すべく努力しなければならないのであった。しかしもしも絶対的自我というものがカントの先験的統覚と等しいものであるとするならば、それがどうしてわれわれの有限的自我にとっての理念となりうるのであろうか。それはむしろわれわれのいっさいの意識が成立するための制約としてその根底に常に存しているものではないであろうか。そうであるとすれば、それは「われわれの意識の経験的諸規定の下には現われもせず、また現われることもできない」にしても、決して有限的自我にとって理念としての意味を持つことはできないであろう。それゆえ絶対的自我が理念として考えられるとき、そこにはどうしても絶対的自我というものに無限な神的な自我という意味が与えられていると言わねばならないと思われる。多くの人たちがフィヒテの絶対的自我を神的な自我と解しているのもこの意味で決して無理ではないのである。

だがこう言えるとすれば、われわれはこの点にフィヒテの思想に一つの問題点が存することを認めなければならないであろう。フィヒテ自身はたしかにあくまでもカント哲学の精神を忠実に継いでいると考えたのであろう。しかしそれにも拘らず、フィヒテにおいて絶対的自我が有限的自我に対する理念と考えられるとき、そこでは絶対的自我は神的な自我という意味を持たされているのであり、このような神的な自我を考えるという点でフィヒテの哲学はカント哲学のわくを越えていると言われねばならないのである。カントがフィヒテの知識学に批判的な態度を取ったことも十分に根拠があると言えるのではないであろうか。フィヒテはおそらくこのことを意識していなかったに違いない。しかしフィヒテが自覚しようとしまいと、絶対的自我に神的な自我という意味を与えることによって、フィヒテの知識学はカント哲学とは別のものに移ってしまっているのではないであろうか。フィヒテ、シェリング、ヘーゲルと続くドイツ観念論の哲学は、カントの否定した意味での形而上学を再び復活したと言えるであろうが、その第一歩はこのフィヒテの前期の知識学のうちにすでに存していると言えるのではないであろうか。

3　無神論論争

このようにイエナにおいてフィヒテの哲学思想はしだいにその独自性を持つものとして成熟してゆき、盛んな著作活動を行なったが、しかしここでのフィヒテの生活は必ずしも平穏ではなかった。それはフィヒテの直情的で安易な妥協をどこまでも拒もうとする性格によるものと言えるであろう。こうした性格はしばしば支配欲と誤られて敵を作ったのであった。

イエナに着任して間もなく、フィヒテは自分の講義をすべての学生が他の講義に妨げられることなく聴講しうるようにするために、日曜日の午前中の一時間を講義時間に当てた。フィヒテはもとより教会の礼拝時間を避けて講義時間を選んだのであったが、それでもフィヒテのこの行動は物議をかもし、フィヒテは公式の弁明書を書かねばならなかった。

さらにまたフィヒテはみずからの学問の力によって当時存在した粗暴な学生風俗を改めようとした。フィヒテがとくに注目したのはある学生の結社であったが、フィヒテの真の学問的精神を強調する情熱あふれる講義はついにこの結社を解散させることに成功したのである。しかし学生側と大学当局との仲介役となったフィヒテの不手際もあり、またフィヒテに対する中傷もあって、学生の一部はフィヒテに対して敵意を持つにいたり、一七九五年の正月にはフィヒテの家は夜ごと学生たちに襲われて窓を破られたりして、フィヒテ夫妻は不安な日を送らねばならないようになった。そしてついにその夏にはイエナを引きあげて一時オスマンステットという村に移ったほどであった。

宗教的汎神論

最後の破綻はいわゆる無神論論争によってもたらされた。一七九八年フィヒテの弟子のフォールベルクが、フィヒテがニートハンマーとともに編集していた『哲学雑誌』に「宗教の概念の発展」という論文を寄稿してきた。この論文は宗教というものの役割はただ正しい善い行為をさせるようにするという全く実践的な性格のものであって、そのためには神に対する信仰さえも必要ではないという趣旨のものであった。フィヒテはこの論文をあまりに大胆すぎると考え、この論文にみずから注を加えて発表しようとしたが、フォールベルクがそれを拒んだので、新しく「神の世界支配に対するわれわれの信仰の根拠について」という論文を書き、これをフォールベルクの論文とともに掲載したのである。フィヒテはこの論文でフォールベルクの論文に触れて、それは多くの点で自分の確信と一致するけれども、しかし他の多くの点では自分の確信に対立するというよりはむしろ自分の立場まで達していないと述べている。それではは両者はどこで一致し、どこで相異なるのであろうか。その一致点は、両者とも宗教というものが本質的に道徳的行為と結びついていると考えているということである。しかしフィヒテはフォールベルクと異なり、道徳的行為は神の世界支配の信仰と離れがたく結びついていると考えたのであった。フィヒテによれば、自我は感性界のあらゆる影響から自由であり、あらゆる感性的なものを越えた力として働くものであるが、この自由は決して無規定的なものではなく、自己自身の目的、すなわち自我の道徳的使命を果たすという目的を持つものである。このことはわれわれが自己自身を放棄してしまわない以上は、決して疑うことができない。すなわちそれは絶対に確実な信仰たりうるのである。だがこの信仰は感性界の根底にそれを越えた道徳的な実在が存するということ、換言すれば道徳的世界秩序の存在の信仰と結びつかなければ成立しない。そしてこの道徳的世界秩序こそ神にほかならないのである。神をこの道徳的世界秩序から切り離して何か特殊な実体と考えることは不可能である。しかし道徳的世界秩序としての神に対する信仰はどうしても捨てることを許されないのである。

フォールベルクとフィヒテの考えの相違は明らかであろう。クーノー・フィッシャーは前者の立場を懐疑的無神論、後者の立場を宗教的汎神論と名づけているが、おそらくこの命名は正しいと思われる。フィヒテの立場は汎神論的であって、通常の有神論ではないとしても、決して無神論ではない。しかしそれにもかかわらず、フィヒテのこの論文はただちに無神論という非難を受け、ここにいわゆる無神論論争が生じたのであった。その理由はおそらく根本的にはフィヒテの性格と行動がかなり多数の人の間に反感を生ぜしめていたというところに存するのではないかと思われる。フィヒテの論文はこれらの人々に対してむしろ絶好の機会を与えたのであろう。そしてフィヒテが神を実体として把握することはできないと主張していることはまさに無神論思想を証明するものであると考えられたのである。

フォールベルクとフィヒテの論文が載った『哲学雑誌』が刊行されてまもなく、「フィヒテとフォールベルクの無神論についてのある父の学びつつある息子に対する書簡」と題する小冊子が匿名で出版された。著者の名前はもとより出版社も印刷所も不明のものであった。そしてこの小冊子はとくにザクセン地方で頒布され、しばしば無料で配られさえもしたのである。さらにこの小冊子は、書簡の署名にG……という略号を用い、これがあたかもかつてイエナに住んでいた高名な神学者ガーブラーの著作であるかのような印象を与えるようにするという小細工を弄していたのである。ガーブラーは自分がこの小冊子の著者と考えられているという風評を知って、一七九九年の一月にはっきりそれを否定する文章を書いたが、しかしとにかくこの小冊子の匿名の著者は数カ月の間これがガーブラーの著作であると思わせるのに成功したのであった。

弁明と破局と

ザクセンの政府はこの小冊子に基づいて提出されたドレスデンの宗教局の提訴を取りあげて、一七九八年十一月に、自国のライプチッヒとヴィッテンベルクの二つの大学に対して『哲学雑誌』をすべて没収することを命じ、また他のドイツの諸侯国の政府が同様の処置を取ることを求めた。そしてヴァイマール政府に対しては、論文の執筆者と『哲学雑誌』の刊行者の責任を問い、その処罰を求め、もしこれが行なわれなければ、ザクセンの子弟はイエナ大学に学ぶことを禁止されるであろうと通告した。ヴァイマール政府はなるべく穏便に事態を落着させようとし、一方ではフォールベルクやフィヒテに対しては何も処罰せず、学問の自由を守ると共に、他方ではザクセン政府に対しては、『哲学雑誌』の刊行者を厳重に戒告したと説明することで納得させようと考えていた。ところがフィヒテはこの問題について全く妥協的態度を取らず、ただちに二つの自己弁護の文章を書いた。一つは一七九九年一月に書いた「ザクセン侯国の没収令によって非難された無神論的な表現についての公衆への訴え」であり、他は同年の三月に書いた「無神論という告発に対する法的な弁明書」であった。これらの弁明のなかでフィヒテは、自分の立場はたしかに実体としての神を認めるものではないけれども、決して無神論ではないこと、さらに自分およびフォールベルクに与えられているいかなる処罰も学問の自由に対する重大な冒瀆になることを主張したのであった。フィヒテがこのような弁明書を書いたことは当然のことであろうし、またフィヒテはこの弁明によって自分の立場に対する誤解を解きうると考えたのであろう。しかしフィヒテの文章の激しい調子は結果としてかえって事態を悪化させてしまったのである。ヴァイマール政府もフィヒテに対する態度を硬化しはじめ、やがてフィヒテに対する査問が行なわれるであろうという噂が流れた。そこでフィヒテはこのことを防ごうとして、かねがね自分に好意的なヴァイマール政府の枢密顧問官フォイクトに宛てて手紙を書き、そのなかで自分は決して査問を受けることをしないと宣言し、もしそのような場合に立ちいたれば、自分はすぐ職を辞するであろうと言い、さらに自分と考えを同じくする大学の同僚たちの多くが自分と共に辞職するであろうと付け加えたのである。

この手紙がついに決定的な破局をもたらしたのであった。ヴァイマール政府はフィヒテの手紙がフォイクトに届けられてから数日にしてその態度を決定した。それはフィヒテに対する査問をするというものではなく、もっと穏やかに、ただフィヒテとニートハンマーの『哲学雑誌』編集に当たっての不注意を戒めるというものであったが、しかしフィヒテに対してはその手紙に述べられているとおり辞職を認めるというものであった。かつてフィヒテをイエナ大学に推挙したゲーテもヴァイマール政府の委員会のなかで強くフィヒテの罷免を主張した一人であった。ゲーテは「もしも政府に対してこのような言辞を弄することをあえてする者があれば、たとえそれが私の息子であっても反対の票を投ずるであろう」と数ヵ月後ある手紙のなかに書いているのである。この政府の決定が大学当局に届く以前にフィヒテはさらに第二の手紙をフォイクトに書き、自分は第一の手紙の中でただ教授の自由が損われる場合に辞職すると言っただけであるということを主張したが、この第二の手紙も政府の決定を変更させるには何の役にも立たなかった。こうしてフィヒテのイエナ大学の辞任はきまったのである。

学生たちはフィヒテのために多くの署名を集めた請願書を二度にわたってヴァイマールの大公宛に出したが、いずれも無効であった。そしてフィヒテがイエナ大学を辞任したとき、フィヒテの予期に反して同僚の誰一人、フィヒテに続いて辞職したものはなかった。

4 ベルリン時代

一七九九年七月にフィヒテはベルリンに赴いた。プロシア政府はザクセン政府の『哲学雑誌』の没収令を全く無視して、この点でフィヒテに対して好意的態度を取っていたが、このことがおそらくフィヒテのベルリン移住の理由になったものと考えられる。それ以来フィヒテはその死に至るまで、一八〇五年にしばらくエルランゲンに行ったのと、一八〇六年から七年にかけて一年足らずフランス軍に占領されたベルリンを離れたのとを除いて、ずっとベルリンに止まった。それゆえわれわれはフィヒテの後期の時代を、多少不正確ではあるが、ベルリン時代と呼んでさしつかえないであろう。

フィヒテがベルリンに移住したとき、彼はフリードリッヒ・シュレーゲル以外には知己もなく、また生活の方針が確立していたわけでもなかった。シュレーゲルを通してシュライエルマッヘルなどロマンティカーの人たちと知るようになったが、しかしフィヒテは結局、心情を重んずるロマンティカーの考えには同感を持ちえなかったようである。とくにシュライエルマッヘルとの間はしだいに悪くなっていったのである。

ベルリンにおいてもフィヒテはその学問的活動を精力的に続行した。一八〇〇年には『人間の使命』と『閉塞された商業国家』が、そして一八〇一年には『最新の哲学の真の本質についての一般公衆に対する明快な報告』が出版された。その後は著述活動はあまり行なわれなくなったが、その代わりに多くの講演が行なわれるようになった。フィヒテは天性の演説家であり説教家であった。人々の要望によってはじめられたフィヒテの私的な講演はしだいに多くの聴衆を集めるようになり、そのなかには各方面の著名な人々も見られるようになった。当時公使としてベルリンに在住したメッテルニッヒもその講演を聞いたと言われている。この講演のなかで主なものとしては、フィヒテの歴史哲学を取り扱った『現代の特徴』が一八〇四年から五年にかけての冬に、また『浄福な生への指教、または宗教論』が一八〇六年に行なわれ、ともに一八〇六年に出版されている。

一八〇五年にフィヒテはエルランゲン大学から招かれてその教授となり、一年のうちに半年をエルランゲン大学で講義し、他の半年をベルリンで私的な講演を行なうことにしたが、エルランゲン大学での講義は結局一八〇五年に行なわれただけで終わった。プロシアとフランスとの間の戦争の勃発によって不可能になってしまったからである。一八〇六年戦争が起こり、プロシアはたちまちナポレオンに打ち破られて翌年ティルジット条約を結んで屈服しなければならなかったが、フィヒテは一八〇六年十月フランス軍がベルリンに迫るとの報を聞くや、ベルリンを離れた。彼はフランス軍の占領下のベルリンには止まりたくなかったのである。彼はケーニヒスベルクに行って、そこの大学で一学期間講義をしたが、一八〇七年六月、フランス軍がケーニヒスベルクにはいってくる三日前にそこを出発してまずメーメルに行き、さらにコペンハーゲンに逃れた。フィヒテはフランス軍がベルリンを撤退するまで家族のもとに帰りたくはなかったが、ティルジットの条約によって莫大な戦費の支払いが終わるまでフランス軍はベルリンに止まることが決まったため、夫人の請いによってフィヒテはやむなく八月末ベルリンに帰った。

『ドイツ国民に告ぐ』

ベルリンに帰ったフィヒテは一八〇七年から八年にかけての冬に『ドイツ国民に告ぐ』という講演を行なった。まだフランス軍の駐屯しているベルリンでフィヒテは最悪の事態をも覚悟しつつ、この講演を行なったのである。幾度かフィヒテがつかまったという噂が流れたといわれている。この講演でフィヒテが強調したのはドイツ国民のなかに巣喰っている利己心を新しい教育によって打破しようとすることであった。そしてこの新しい教育は主体的な精神の働きを重んずるペスタロッチの考えと結びつかねばならない。このような教育によって真にドイツ国民の共同体意識が目ざめさせられるとき、その時はじめてドイツ国民は失われた独立を回復しうるであろう。——フィヒテは愛国の熱情をほとばしらせつつ、こう説くのである。

一八一〇年ベルリン大学がプロシア政府によって新たに設立され、フィヒテはその哲学部の部長に任命され、さらに総長に選ばれた。フィヒテは自分が総長の職に適しないと考えて気が進まなかったがやむをえず総長に就任した。そして実際、フィヒテのように自己の信念を貫いて妥協を潔しとしない人には総長の職を遂行するにはいろいろの困難が多く、フィヒテは一八一二年みずから願いを出して総長を辞任した。

一八一三年プロシア、ロシア、オーストリア同盟軍の対ナポレオン戦争がはじまると、フィヒテはみずから説教師として戦場に赴こうとしたが、この願いは認められなかった。しかしフィヒテはある意味ではやはり戦争の犠牲者として死んだのである。彼の妻は篤志看護婦として傷病者の看護に当たっている間に発疹チフスにかかり一時は重態に陥ったが、ようやく危機を脱した時、今度は妻の看護に当たっていたフィヒテがこれに感染してついにその休みなき活動に終始した生涯を閉じたのである。一八一四年一月二十七日であった。

5 後期思想

絶対者の哲学

後期、すなわちベルリン時代のフィヒテの思想はイエナ時代の前期の思想に比べると、一つの変貌を示している。それは一言で言えば宗教的傾向がしだいに強まっているということである。フィヒテの前期の哲学は、すでに述べたように、自我の哲学であった。そこでは有限的自我は絶対的自我を理念として非我の絶滅を目ざしてどこまでも努力すべきであった。この自我の無限の努力を重んじたことがフィヒテの前期思想の根本的特徴であり、そのゆえにそれは倫理的観念論と称されるのである。これに対して後期の思想は自我の哲学ではなく、むしろ絶対者の哲学である。絶対的自我は自我という主観的な色彩を失って絶対者そのものと考え直されてゆく。そしてそれと共に初期の思想において最も中心的であった無限の努力に代わって、神・絶対者との合一による浄福というものがそれ以上の大きな意味を持ってくるのである。もとよりフィヒテが努力ということを後期において捨て去ったというのではない。フィヒテは常に努力を重んじ、フィヒテの生涯自身が努力の生涯であった。しかしそれにしても今や努力の目ざすべきは浄福なる生の実現であるということがはっきりと自覚されてきたのである。

このような倫理的傾向から宗教的傾向への変化がいかなる要因によって生じたのかという問題については種々の見方が成り立ちうるであろう。たとえば、シェリングの自然哲学の思想がフィヒテに対して影響を与えたのだという見方もできるであろう。シェリングは、後に見るように、フィヒテ的立場から出発しながら、フィヒテの前期の思想ではほとんど顧慮されていなかった自然の問題を考え、そこに自然哲学を打ち立てた。シェリングは自然哲学を導入することによって、フィヒテの体系に存する間隙を埋めることができると考えたのである。フィヒテは決してこのシェリングの考えを全面的に認めたわけではなく、むしろシェリングがフィヒテ哲学から離れてゆくにしたがって、これに対して厳しい批判を行なうようになる。しかしそれにもかかわらず、フィヒテはシェリングの提起した問題に十分その意義を認め、その問題を自己の立場から解決しようとしたのであり、これによってフィヒテの思想は前期から後期へと移行していったのではないかとも考えられる。たしかにフィヒテの前期の知識学においては、自我に対立する非我はただ自我によって絶滅されるべきであるという意味しか与えられていなかった。すなわち自我に対するものとしての自然はその積極的意味を認められていなかった。しかしもし自然というものがもっと積極的にその意味を認められるべきであるとすれば、単に自我の根底に絶対的自我というものが考えられるべきではなく、自我と非我の両者の根底に同一な絶対者というものが考えられてくるべきであろう。この意味でシェリングの自然哲学の思想がフィヒテの後期の思想の形成に大きな影響を与えたと解することも決して無理ではない。

しかしたとえこのようにシェリングの影響があるとしても、もっと重大な原因はやはりフィヒテ自身の思想のうちにこれを求めるべきであろうと思われる。フィヒテの前期の哲学はたしかに自我の哲学であった。しかしその絶対的自我という概念がはじめから一つの問題点を含んだものであったことはすでに見たとおりである。フィヒテはわれわれの経験的意識から経験的なものを除き去ることによって絶対的自我を見出しうると考えた。だがもしも絶対的自我がこのようなものであるとすれば、それは決して有限的自我にとって理念としての意味を持ちえないものであろう。したがってフィヒテが絶対的自我を実現されるべき理念と考えたとき、それは無限的自我であり、いわば神的自我とでも言うべき性格を持っていたと言わねばならないのである。だがこのように絶対的自我というものがすでに二義性を持っているとするならば、フィヒテの前期の自我の哲学はそれみずからのうちに自我の哲学を越えてゆくべき萌芽を蔵していたと言えるのではないであろうか。絶対的自我がわれわれの経験的意識の根底に存するものと見られる限り、フィヒテの前期の哲学はたしかに自我の哲学である。それはまさに自我から出発しているのであり、この自我に対しては非我が対立し、非我は自我によって絶滅されるべきものと考えられているのである。しかし絶対的自我というものが無限的な自我、神的な自我という意味を持たせられているとするならば、フィヒテの哲学は必ずしも自我の哲学とは称しえないものを持っていると言えるであろう。元来自我という概念はそれに対立する自我ならざるもの、すなわち非我というものを予想するものであると言いうるであろう。自我に対立するもののないとき、自我という概念そのものも消失してしまうであろう。ところが絶対的自我というものが神的自我であるとすればどうであろうか。神的自我というものがそれに対立するものを予想するであろうか。むしろ神的自我はその働きによってすべての実在性を定立するものであろう。したがって神的自我は自己に対立する非我を持たないはずであろう。だがそうであるとすれば、神的自我はもはやとくに自我と呼ばれる必要はないのではなかろうか。絶対的自我は絶対的自我と呼ばれるよりはむしろ絶対者と呼ばれるべきではないであろうか。

もしこのように言うことができるとするならば、フィヒテの哲学が前期の自我の哲学から後期の絶対者の哲学へしだいに移っていったということは当然であったと見ることができるのではないかと思われる。前期の知識学においてはフィヒテは絶対的自我というものをカントの先験的統覚と等しいものと考え、われわれの有限的自我の根底に存するものと見る傾向が強かったのであろう。このことはフィヒテがカント哲学の立場を忠実に継いでいると考えていたことを考えても、極めて明白なことである。だが絶対的自我が有限的自我に対する理念としての意味を持つためには、それは無限的自我であり、絶対者そのものでなければならない。このことをフィヒテはしだいに自覚したのではないであろうか。このフィヒテの自覚を助けたのはシェリングの自然哲学であったかも知れない。あるいはフィヒテが無神論論争を契機としていよいよ宗教的問題に対する思索を深めていったことも与って力があったかも知れない。しかしとにかくフィヒテの思想自身のうちに自我の哲学から絶対者の哲学へ移ってゆくべき必然性がはじめから存していたと言えるのではないかと考えられる。そしてこれによってフィヒテの後期の哲学はしだいに宗教的色彩を強めていったのである。

転回の萌芽

このようにフィヒテの後期の思想は宗教的傾向を強く示すようになるのであるが、しかしこうした傾向がいつから生じたかということを確定するのは極めて困難である。言うまでもなく、元来思想というものは概して極めて徐々に変わってゆくものであろう。もとより何かのきっかけによって思想が急激に変化するということもありうるが、それは多くは思想家でない一般の人において起ることであって、思想家の場合にはみずから思索し、みずから納得して思想の変化が行なわれるのであるから、大抵の場合その変化は少しずつ表面に現われてくるのである。したがってフィヒテの場合にもその変化がベルリン時代になって急に行なわれたとは見ることができないであろう。実際クーノー・フィッシャーやニコライ・ハルトマンはイエナ時代の一七九七年に発表された「知識学の新しい叙述の試み」という未完の小論文のうちに（フィヒテはその生涯を通じてたびたび知識学を新しく叙述しようと試みている）、すでに後期思想への転回の萌芽を認めているのである。フィヒテはこの小論文のなかで自我の問題を取りあげる。われわれは自我そのものを思惟の対象とすることができるが、このことはすなわち自我が主観であると共に客観となりうることを意味している。しかしどうしてこのことは可能であろうか。われわれは通常主観と客観とを相対立するものと考えているが、しかしそう考えれば主観であると共に客観たりうる自我そのものが成立しない。したがって自我は単なる主観ではなく、むしろ主観‐客観として考えられねばならない。フィヒテはこう説くのである。このようなフィヒテの思想はまだ必ずしも自我から絶対者へという転化を示したものではないことは言うまでもない。しかしそれにしても自我というものが単に客観に対立する主観ではなく、主観であると同時に客観でもあるもの、いわば主観と客観との同一の根底であるということが主張されているのは、絶対的自我が実は単なる自我ではないということへの洞察の第一歩であるとも見られうるであろう。

あるいはさらに無神論論争の契機となった「神の世界支配に対するわれわれの信仰の根拠につい

て」の論文そのものが初期の立場に比べれば宗教的傾向をはっきり示していると言えるであろう。この論文はすでに見たように決して無神論的ではなく、汎神論的傾向のものであった。道徳的な世界秩序がすなわち神にほかならないのであり、われわれはこの意味での神の存在を絶対に確実なものとして信じうるのである。ここにはすでに単なる自我の哲学を越えた立場が現われているのではないであろうか。少なくとも絶対的自我はもはや有限的自我の根底に存するものではなく、神的自我として考えられてきているのではないであろうか。そうでなければわれわれはどうしてこの世界が神的な道徳的秩序を持っていると確信することができるであろうか。フィヒテによればもともと絶対的自我の無限の働きを実現することがわれわれにとっての実践の目標であった。そうであるならば、今ここにわれわれの実践の目標が道徳的世界秩序の実現にあると考えられているとき、道徳的世界秩序は絶対的自我の働きによって成立するものであると言わねばならないであろう。そして道徳的世界秩序こそ神にほかならないとするならば、絶対的自我はすでに神的な性格を持つものと考えられてきていると言えるのではないであろうか。

『人間の使命』

このようにすでにイエナ時代においてもフィヒテの哲学は少しずつ変貌をとげていると思われるのであるが、この傾向はベルリン時代になるとさらに一層顕著になってゆく。一八〇〇年の『人間の使命』はベルリン時代の最初期のものであるが、しかしフィヒテの宗教的傾向への変貌は明瞭にそのなかに出ているのである。フィヒテは本書を、「疑い」「知識」「信仰」の三部に分けて叙述しているが、

第一部の「疑い」においては、すべての事物が因果的必然性によってまさに現にあるごとく決定されていると見る考え方を取りあげて、このような独断論的な体系が悟性に対しては大きな満足を与えるけれども、私が自由を持つということをも否定してしまうようなこの体系にはどうしても反発を感ぜざるをえないという疑いの状態を述べ、ついで第二部の「知識」においては、われわれの外部にある事物についての意識はわれわれ自身の表象能力が作り出したものにすぎないという観念論的な体系を述べて、この思想はたしかにわれわれの自由を回復させるけれども、しかしすべては単に意識の表象にすぎず、すなわち意識以外には何も存在しないとすれば、私自身も実在しないことになってしまうから、この知識の立場もさらにより深い立場で補わなければならないとして、第三部の「信仰」に移ってゆく。この第三部でフィヒテは私自身および他のいっさいの実在性を把握するべき器官は知識ではなく信仰であると説く。フィヒテによると、私のうちには絶対的にして独立的な自己活動への衝動が存するが、このような衝動はわれわれが自己自身を知覚するや否やただちに感ぜられるのである。だがさきの観念論的な体系によれば、このような衝動もまた真に実在するとは言えないことになる。したがってこうした自己活動への衝動の実在性と、またこの衝動は当然われわれの行為の働きかける世界を前提しているのであるから、われわれの外なる世界の実在性とは、ただ信仰によってのみ把握されることができるのである。この確信は心情から生ずるのであって、悟性から生ずるのではない。すなわちわれわれは道徳的に行為するという使命を持っているのであり、われわれの世界はただわれわれの義務の対象ないし領域として存しているのである。したがってわれわれはみずからの実践的な衝動と道徳的使命を確信すれば、そこにはじめてこの現実の世界、すなわち感性的世界の実在性を信じうるのである。こうしてフィヒテによれば、この感性的世界はわれわれの義務を実現してゆく場として実在するものであり、したがってわれわれはこの地上的世界を完全なものたらしめようと努めねばならないのであるが、しかしこのような地上的生活の目的は決して究極的なものではありえない。なぜならもしも地上的世界が完全な状態に到達したとするならば、人類にとってそれ以上何もすることはなくなり、人類はそこで静止してしまわねばならないことになってしまうであろうからである。すなわちこの地上的目的は未だ人類の最高の目的ではありえない。地上的目的以上の究極的な目的が存しなくてはならず、感性的世界以上の世界が存しなければならない。その世界とは超感性的世界、超地上的世界であり、われわれはただこの超地上的世界を目ざしてのみ地上的世界のために働くのである。われわれは地上的世界の連関から離れた後にはじめて超地上的世界にはいってゆくのではなく、今現に超地上的世界のうちに生きているのである。われわれが義務に適合した意志を持つとき、われわれはその意志によってすでに超地上的世界に属しているのである。だが、このことは超地上的世界においてはわれわれの善なる意志が例外なくその結果を持つべきであるということを予想している。すなわちこの超地上的世界においては、われわれ有限者の意志がすべてそれによって支配されねばならない法則が存することを予想している。そしてこの法則は神の永遠なる意志にほかならないのである。

『人間の使命』におけるこうしたフィヒテの思想がはっきりと宗教的な世界観に移っていることは言うまでもないであろう。そして、ここでは信仰が知識以上のものとして打ち出されているのである。むろんこうした傾向は初期の思想のうちにも存しないと言えないであろうが、しかしこのように明確な形で信仰の優越性を説いているのは以前には見られないことであろう。この点はしばしばフィヒテがヤコービーの信仰哲学に近づいたと言われるところであるが、たしかにフィヒテはこの時期で初期のカント的立場を離れてきていると言わねばならないであろう。

神の現存

このようにして宗教的立場へと移っていったフィヒテは、その後はさらにこの傾向を顕著にしてゆく。その生前には未刊に終わった一八〇一年の『知識学の叙述』においては知の根源として絶対的存在、純粋存在というものを考えている。フィヒテによると、通常の知が何らかの対象についての知であるのに対して、真の知、絶対知は知自身について知るものでなければならないが、このような絶対知はみずからの限界を洞察しなければならない。この知の限界とは知の非存在であり、知の根源である。そしてこの知の根源が絶対的存在、純粋存在にほかならないというのである。すなわちフィヒテはここで知というものが最終的なものではなく、知はその根源である絶対者から生ずるものであること、われわれは絶対知によって知というものから独立な絶対者の存在を認めうるということを言おうとしているのである。

一八〇四年に講演された『知識学』においてはさらに進んで絶対者そのものが取り扱われる。われわれの意識に対しては客観的な存在が対立されるが、絶対者はこの両者、すなわち思惟と存在、主観と客観を越えたものであり、いわばその統一である。このような絶対者はいわゆる概念的思惟によってはとらえることができない。それはただ概念の否定によってのみとらえられるのである。そしてフィヒテによれば、この絶対者は静的なものではなく、その内的な生命によって意識とその対象とを生ぜしめるものなのである。

こうしたフィヒテの宗教的立場への移行は、さらに一八〇六年の講演『浄福な生への指教』において完成される。ここにおいてフィヒテは存在というものが自己自身によって存在するものであり、決して他から生成したものではないということ、そしてこの存在の内部においてはいかなる新しいものも生ぜず、永遠の昔から永遠の未来にいたるまで今あるごとくあるのであるということを主張し、ここからヨハネ伝の「太初にことばありき」という考え方こそ真の宗教的立場の表現であると考える。そして神が世界を創造したという考えを強く退けるのである。ロゴスである神は単に存在するのみではなくまた現存し顕現するが、しかしその際にも神は決して少しも変化しないのである。意識ないしわれわれ自身は神の現存にほかならないが、神の現存は神の存在そのものの顕現なのであるから、意識の本性は神のうちにあり、われわれは愛によって存在そのものと合一しうるのである。そしてここに浄福なる生が存するのである。このように考えられるとすれば、ここにはフィヒテの初期の思想の根本的な基調をなしていた無限の努力の尊重という考えはすでに乗り越えられていると言えるであろう。それは神との合一というはっきりした目的を持つのであり、浄福なる生に終わるべきものとなるのである。フィヒテの宗教的世界観はここにその終局点に到達したと言うことができるのである。

第三章　シェリング

1　生い立ちからイエナ時代まで

フリードリッヒ・ヴィルヘルム・ヨゼフ・シェリング（Friedrich Wilhelm Joseph Schelling）は一七七五年一月二十七日ヴュルテンベルクのレオンベルクに生まれた。父は教養の高い聖職者であった。シェリングは子供のころから極めて優秀な才能を示し、まだ十二歳にならないうちに彼の通っていたニュルティンゲンのラテン語学校の先生は、シェリングはここではもはや学ぶべきものがないと言った。そこで彼はベーベンハウゼンの修道院の学校にはいったが、ここでも年上の同級生たちの間にあって優秀な成績をあげ、十五歳の時、ふつうより三年も早く、特別にチュービンゲン大学の神学部に入学を許可された。ここでシェリングは共に五歳年上のヘーゲル、ヘルダーリンと親しく交わるようになり、この三人はフランス革命を熱狂的に支持したと言われている。シェリングはチュービンゲン大学で五年間学んだが、彼は聖書の研究に打ちこむと共に哲学に対してもしだいに興味を抱くようになった。チュービンゲン大学には当時シェリングを惹きつける哲学の教授はいなかったが、彼はみずからライプニッツその他の哲学書を読み、やがてカントやフィヒテの哲学に大きな関心を持つにいたり、すでに若くしてみずからの哲学的思索への道を切り開いていったのである。まさにシェリングは早熟の天才であった。一七九三年、十八歳にして『神話、歴史的伝説、および最古の世界の哲学説について』

という論文を発表し、さらに翌年には『哲学一般の形式の可能性について』を、さらにその翌年には『哲学の原理としての自我について』と『独断論と批判論についての哲学的書簡』を書いたのである。

チュービンゲン大学の神学部を卒業したシェリングは外国を旅行したいと考えたが、この計画を実現するためには若い貴族の家庭教師となるのが最もよい道であった。その機会はまもなく与えられてシェリングは若い二人の貴族の家庭教師となることができたが、しかし外国に旅行しようとする望みは叶えられなかった。というのは彼らはフランスに王制が復活しイギリスとの間に平和が結ばれてからドイツを出発したいと考えたからである。そこでシェリングは彼らが学ぼうとするライプチッヒ大学についてゆくことになった。

ライプチッヒでの生活は一七九六年四月から一七九八年八月まで続いた。この間にシェリングは自然科学方面の造詣が不足していることを自覚して医学、物理学、数学等の勉強に専心した。チュービンゲン時代のシェリングの思想は大体においてフィヒテの知識学の立場に立つものであったが、この自然科学の研究によってシェリングには新しく自然哲学の構想が生じてきたのである。シェリングは今やフィヒテから独立に自分の哲学思想の道を歩み出したのであった。この時期の著作としては『自然哲学への理念』(一七九七年)および『世界霊魂について』(一七九八年)などがある。これらの著作によってシェリングの名声はあがり、一七九八年七月、彼は員外教授としてイエナ大学に招かれた。彼の自然哲学の著作に興味を持ち、またその年の五月に個人的にもシェリングと知り合ったゲーテの推挙が与って力あったと言われており、また当時イエナ大学にいたフィヒテもそのために力を尽くしたのである。この時シェリングは僅か二十三歳の若さであった。

イエナ時代

イエナにおいてもシェリングの学問的活躍ははなばなしいものであった。まずその自然哲学をさらに完成させようとする『自然哲学の体系の第一の企図』(一七九八～九九年)、『自然哲学の体系の企図への序論』(一七九九年)が、ついで通常自然哲学よりも発展したシェリングの哲学思想を示すものと考えられている『先験的観念論の体系』(一八〇〇年)が、そしてさらにシェリングの前期の思想の頂点を示す、いわゆる同一哲学の思想を述べた『わが哲学体系の叙述』(一八〇一年)、および『ブルーノまたはもろもろの事物の神的な原理と自然的な原理とについて』(一八〇二年)などが相継いで書かれたのである。この時代がシェリングの著作活動の最も盛んなときであった。フィヒテはシェリングがイエナに着任した翌年に無神論論争によってイエナを去っていったが、一八〇一年にはかつてチュービンゲン大学で同級であったヘーゲルがイエナ大学に私講師として赴任し、シェリングはヘーゲルと共に『哲学批判雑誌』を刊行した。シェリングがはじめフィヒテ哲学に同調していたのと同様に、ヘーゲルもこの時期にはシェリング哲学の立場に立っていたのであり、シェリングは年少ながらヘーゲルに対して主導的な役割を果たしていたのである。

このイエナ時代にシェリングはその生涯にとって決定的な意味を持つヴィルヘルム・シュレーゲル夫人カロリーネとの愛を体験する。当時イエナにはロマンティカーたちが集まっており、そのなかにヴィルヘルム・シュレーゲルもいたが、シェリングはその夫人カロリーネを深く愛してしまうのである。カロリーネはゲッティンゲンの東洋学者ミハエリスの娘で一七六三年に生まれた。二十一歳の時鉱山医のベーマーと結婚して三人の子供を産んだが、四年足らずにして寡婦となり、三人の子のうち二人も死んでただ一人アウグステという娘と共に残されてしまった。彼女ははじめゲッティンゲンの両親のところなどで暮らしていたが、一七九二年にその友人テレーゼ・ハイネの嫁ぎ先であるマインツのフォルスターの家に行った。フォルスターはフランス革命に同情的な立場に立っていたが、マインツがフランス軍に占領されるや、彼はマインツをフランス共和国に併合させようと努力したのである。カロリーネもこのフォルスターの考えに共感していたようで、そのため彼女はきびしい運命に見舞われるようになった。一七九三年の春マインツはプロシア軍によって包囲され、町を捨てて逃れようとした彼女はプロシア軍によって捕えられて数カ月の間牢獄にいれられた。しかもこの時、彼女は身籠っていた。フランス占領軍との交歓の舞踏会で一夜彼女はフランス将校に身を捧げたのであった。カロリーネは弟の尽力によって釈放されたが、世間は彼女に冷たく、故郷のゲッティンゲンでもその滞在を拒否された。身籠っていた子供は生まれて間もなく死んだ。このようにカロリーネが失意と絶望の日々を送っていたとき、彼女に暖かい愛情を注いだのがヴィルヘルム・シュレーゲルであった。ヴィルヘルムはゲッティンゲン大学の学生時代にすでに自分より四歳年上の寡婦カロリーネを知り、その人柄と教養とに深く惹きつけられ、彼女がゲッティンゲンを去ってからも文通を続けて愛を告白していたが、カロリーネはヴィルヘルムの愛を受けいれなかった。しかしこのたびの事件に際してヴィルヘルム・シュレーゲルは全く献身的であった。カロリーネが捕えられたとの報に接するや、彼はヴィルヘルム・フォン・フンボルトを通して彼女の釈放のために努力し、釈放後は彼女に親身も及ばぬ世話をしたのである。このヴィルヘルムの愛情に打たれて、カロリーネは一七九六年の夏ヴィルヘルムと結婚したのであった。

シェリングがカロリーネとはじめて会ったのは一七九八年であったが、その頃カロリーネはヴィルヘルム・シュレーゲル夫人としてロマンティカーたちの集まりの中心となっていた。彼女は詩的天分を有すると共に、また哲学を理解する教養をも持ち、夫ヴィルヘルムのシェークスピアの翻訳の手助けをしたり、評論を書いたりして、みずから思うさまにその才能を発揮していたのである。シェリングはたちまちカロリーネに惹きつけられ、そしてカロリーネもはじめからシェリングから強い印象を受けたのであった。その時シェリングは二十三歳、カロリーネは三十五歳であった。

しかしもとよりシェリングとカロリーネはすぐ結ばれたわけではない。カロリーネはシュレーゲル夫人であり、しかもシェリングより十二歳も年長であった。この二人の間の感情の移り変わりは謎に満ちたものであるが、おそらくカロリーネはシェリングのひたむきな愛情を受けて、みずからも彼に愛情を感じながら、できるだけ冷静にこれを受けとめようとしたのではないであろうか。クーノー・フィッシャーはカロリーネがその娘アウグステとシェリングとを結婚させようとしたのではないかと考えているが、たしかにこの推測も全く無理とは言えないものがあるように思われる。実際シェリングとアウグステとの間にも、それが愛情であるかどうかは確言できないとしても、特別に親しい感情が成り立っていたことは否定しえないのである。しかし一八〇〇年七月アウグステは十六歳で死んでしまった。この時カロリーネとアウグステはボックレットという町に滞在していた。そこでアウグステは赤痢にかかり、十日あまりの患いの後に死んだ。シェリングは最後の数日間ここに居合わせてアウグステの最期を見取ったのである。このときシェリングが自分の医学的知識を信頼して医者の処方のなかに阿片のはいった薬を発見し、これを自分の判断で取り除いたが、医者はこのために助かるべき病人が死んだのだと言い、シェリングはその自然哲学に基づく誤った処方で病人を殺したという悪い噂がひろまった。アウグステの死によってシェリングは精神的に大きな打撃を受けた。このシェリングの苦悩をカロリーネは慰めようとするが、この頃から二人の間はさらに一層近づいていったようである。もとよりカロリーネははじめどこまでも母親的立場にとどまろうとしていたが、しかしおそらくシェリングのひたむきな愛情にひきずられてついにシェリングとの結婚に踏み切ろうと決心したのであろう。一八〇二年九月、カロリーネはすでに彼女をイエナに残してベルリンに移っていたヴィルヘルム・シュレーゲルと協議して離婚願を出し、その離婚は翌年の五月に公表された。そしてシェリングとカロリーネはその後まもなくイエナを去り、当時シェリングの両親のいたムルハルトに行き、六月、そこで結婚したのである。

こうしてシェリングはイエナを去ることになったが、しかし彼がイエナ大学を辞するにいたった原因は、このカロリーネとの結婚問題のみにあったのではない。すでに二、三年前からシェリングはイエナの『文学新聞』との争いにまきこまれていたのである。この新聞はカント哲学に好意的なものであったが、この新聞にシェリングの『自然哲学への理念』に対する批評が載った。それは内容的にも取り立てて言うべきもののない、つまらないものであったが、シェリングはただちに新聞の編集者に抗議してみずから論評を書きたいと申し出た。ここからしだいに両者の間に感情的な対立が著しくなり、お互いに侮蔑的な言辞を弄し合うようになり、ついにシェリングがアウグステの死に責任があるという噂を取りあげた匿名のパンフレットまで出されるにいたったのである。シェリングはもはやこの問題についてみずから筆を取ろうとせず、ここでこの争いは終結したが、シェリングはこの問題によってイエナを去りたいという意志を持ったのであろうと言われている。なおヴィルヘルム・シュレーゲルは一八〇二年の秋まで続いたこの争いに終始シェリングの側に立って助けたのである。

とにかくシェリングはこうしてイエナを去った。この時シェリングは二十八歳であったが、若くして学問的活動を開始したシェリングにとってはこのイエナ時代が最もはなばなしい時期であり、シェリングの前期の思想はこの時期にその頂点に到達したのである。私はそれゆえここでシェリングの前期の思想を述べておくことにしたい。

2 前期思想

ちょうどフィヒテがカント哲学から出発してやがてカント哲学から離れてその独自の哲学を打ち立てていったのと同じように、シェリングはフィヒテの知識学的立場から出発しながらしだいにそれから離れていった。一七九五年、フィヒテの『全知識学の基礎』が刊行された翌年に出たシェリングの最初の代表作『哲学の原理としての自我について』において、シェリングはほとんど全くフィヒテの立場に立っているのである。しかもそれはフィヒテの『全知識学の基礎』とカント哲学との関係よりももっと密接な関係にあると言うことができる。フィヒテの場合、彼はカント哲学の立場に立っているとは言っても、『全知識学の基礎』は決してカント哲学そのものの祖述ではない。それはカント哲学においてなお欠けている「全哲学の基礎」を見出すことによって、カント哲学に体系的統一を与えようとする意図を持っていたのである。これに対してシェリングのこの論文は決してフィヒテ哲学を何らかの方法によって越えようとする試みではなく、むしろフィヒテの知識学そのものをもっと明快に叙述しようとするものであった。シェリングはこの論文のなかでフィヒテの名前を挙げていないけれども、フィヒテはこれを自分の著作の注釈書と考えたのである。フィヒテはラインホールト宛の手紙のなかで次のように書いている。「シェリングの著作は、私が読みえた限りでは、全く私の著作の注釈書です。しかし彼は問題を極めてよくとらえており、私を理解しなかった多くの人々も彼の著作は明快だと思っています」(一七九五年七月二日付の手紙)。

フィヒテとの相違

ところが、このシェリングがたちまちにしてフィヒテの知識学のわくをはずれてゆくのである。シェリングがその独自の歩みをはじめてゆく第一歩は、すでに述べたように、自然哲学であるが、自然哲学に関する主要な著作は一七九七年から一七九九年の間に出たものである。すなわちシェリングはフィヒテ哲学の注釈書とも見られうる『自我について』の論文を出してから僅か二年後には、すでにフィヒテから離れはじめてゆくのである。このあまりにも早い思想の変化は何を示すのであろうか。

この点についてはいろいろの見方がありうるであろうが、私の見るところでは、このことはシェリングがその「自我の哲学」の段階においてさえ、表面的には全くフィヒテと同一の立場に立っていながら、実はそこに多少のずれがあったのではないかと思われる。そうでなければ、僅か二年の間にフィヒテの知識学とは異なった性格を持つ自然哲学の構想がシェリングに生じてくるということが不可解と思われるからである。もとよりシェリングは「自我の哲学」の当時決してフィヒテと自分との間に相違があるとは考えなかったであろう。彼はどこまでもフィヒテの哲学を理解しそれを自分のことばで叙述しようとしたのであろう。しかしそれにも拘らず、実は両者の間にはすでにこの段階において立場の相違があったのではなかろうか。あるいは少なくともシェリングはフィヒテの立場をフィヒテ自身とは異なった仕方で解釈してしまったのではないであろうか。

それではこの両者の相違はどこに存するのであろうか。私はそれは絶対的自我というものがシェリングの「自我の哲学」においては、フィヒテの『全知識学の基礎』の場合と異なって、全く無限的な自我、神的な自我と考えられていることであると思うのである。フィヒテにあっては、絶対的自我とは二義的なものであった。それは一方ではどこまでもわれわれの経験的自我の根底に存するもの、カントの先験的統覚と等しいものと考えられると共に、他方との経験的・有限的自我の実現すべき理念として考えられていた。そしてこの理念としての絶対的自我は無限的・神的な自我と考えられねばならなかった。このフィヒテの絶対的自我の持つ二義性はシェリングにおいて捨てられる。『自我について』において、絶対的自我は哲学の原理として打ち立てられるのであるが、それはもはや先験的統覚、自己意識ではなく、それを越えた無制約的な自我として解せられているのである。シェリングはこの論文のなかで絶対的自我について次のような規定を与えている。まず第一に絶対的自我は絶対にただ一つでなければならない。なぜなら、もし多くの自我があるとすれば、これらの自我は互いに何らか区別されねばならないが、絶対的自我は絶対に自己同一的なものであるから、自我は互いに決して区別されえず、すべて合一してしまわなければならないからである。また絶対的自我はすべての存在、すべての実在性を自己のうちに含むものである。なぜなら、もしも自我の外部に実在性が存するとすると、それは自我のうちに定立された実在性と一致するか、そうでないかのいずれかであるが、もし一致するとすれば、それは自我の外にまた他の自我の存在を認めることとなるから不合理であり、また自我のうちの実在性と一致せずこれと矛盾するものであるならば、これは自我のうちの実在性を、したがってまた自我そのものを否定するということとなり、これもまた同様に不合理であるからである。こうしてシェリングによると、すべて存在するものは自我のうちにあり、自我の外には何ものも存在しない、存在するものはすべて自我の偶有性にすぎない、という命題が導かれるのである。このような規定を与えられた絶対的自我が無限的な自我、神的な自我であることはほとんど疑問の余地が存しないであろう。

このようにシェリングが絶対的自我というものを無限的な神的自我と解しているとするならば、そこから自然哲学という考えが出てくることも十分に理解しうるのではないであろうか。フィヒテにおいては自然哲学というものは全く考えられなかった。フィヒテの場合、その絶対的自我はどこまでもわれわれの自我の根底に存するものという意味を持つものであったから、われわれの有限的自我に対して非我というものが絶対的に反定立されるものである以上、絶対的自我は非我そのものの根底に存するものとは考えられることができない。非我による自我の働きの阻害がどうして行なわれるのかを自我は全く知りえないのであり、それをただ事実として認めるほかはないのである。自我の働きはこの非我の阻害に会ってそこで止まってしまうのではなく、どこまでもこの阻害を乗り越えて進んでゆこうとするのであり、このことによって非我は自我の働きに対して逆らうもの、それに対して立つものとして、すなわち対象として自我によって意識されるのであり、ここにいわゆる自然というものが成立するのであるが、このように考えられれば、自然を考察するということは自然というものを成立せしめる自我の働きを考察するということであり、したがって知識学が自我の働きの考察にほかならないとすれば、知識学と別に自然哲学が成立する余地は存しないと言えるであろう。フィヒテにおいて自然哲学というものが考えられなかったのはこのためであると言えるのではないであろうか。これに対してシェリングの場合には、絶対的自我とは有限的自我を越え無限的な自我であった。それはすべての実在性を自己のうちに含むものであった。したがってこのような絶対的自我に対してはもはや非我による阻害ということは全く考えられないであろう。非我の反定立ということが考えられるのはただ有限的自我に対してのみであることは言うまでもないことである。だがもしそうであるとすれば、有限的自我に対しては絶対に独立性を持っている非我といえども、この無限的な絶対的自我によって生ぜしめられたものであると言わねばならないであろう。非我というものも一つの実在性である以上、それは絶対的自我の外部に存するものとは考えられないからである。それゆえに絶対的自我は有限的自我の根底に存すると同時に、また非我の根底にも存するものでなければならない。こうしてフィヒテの絶対的自我が単に自我の根底に存するものと考えられていたのに対して、シェリングの絶対的自我は自我と非我との両者の根底に共通に存するものとして考えられてくるのではないであろうか。そしてこのように考えられてくれば、自我について知識学が成り立つのと同じ権利をもって、非我についても自然哲学が成り立つのは当然のことであろう。自我と非我はともに同一の絶対的自我によって成り立たせられているのである。そうであるとすれば、われわれは有限的自我をその根底に存する絶対的自我との関係において考察しなければならないのと同様に、また非我をその根底に存する絶対的自我との関係において考察しなければならないであろう。そしてさらにこう考えられれば、非我そのものが自然として有限的自我に対して独立的なものとして認められてくることになるであろう。フィヒテの場合には有限的自我に対して対立するのは非我であって自然ではない。自然というものは自我ないし主観の働きによって構成されるものであった。ところがシェリングにおいてはそうではない。自然を構成するところの働きは主観－客観の対立を越えた絶対的自我そのものである。したがってここでは自然は自我・精神に対してそれ自身対立しうるものとなる。少なくともわれわれの有限的自我に対しては自然は全く独立して存しうるのであり、客観は主観に対して同等の権利を有しうるのである。自然哲学というものが考えられるのはこのためであると見うるであろう。

自然哲学の構想

シェリングが自然哲学において意図したのは、もとより自然科学におけるような自然現象の実証的研究ではなく、むしろ自然というものを統一的に把握し、自然の根底に存する根源的な働きをとらえようとすることであった。自然は決して盲目的な機械論によって決定されているものではなく、一つの大きな有機体であり、一つの力によって貫かれているということこそ、シェリングの自然哲学の根本的確信であったのである。自然におけるあらゆる現象はすべてこの根源的な力によって生ぜしめられているのであり、したがって自然を根源的に把握するためには、われわれは自然がこの根源的な力の働きによっていかにして形成されるかを見なければならない。われわれは単にわれわれに与えられている自然の客観的な構造をとらえるのでなく、むしろみずから自然の根源に突き入って、この根源的な力から客観的な自然という存在がいかにして作り出されるかを探求しなければならない。いわば自然を存在としてでなく働きとしてとらえねばならないのである。

それでは自然の根源に存するこの働き、力とは何であろうか。シェリングによると、それは精神的な力であった。もとよりその精神とはわれわれの精神のように意識的なものではなく、無意識的な精神であるが、とにかく自然の根底にはこの無意識的な精神的原理が存しているのであり、この精神的な原理によって自然全体は一つの有機体として形成されるのである。この自然の根源的な力が精神的なものとして考えられたのは、この時期のシェリングにとっては当然のことであったと言えるであろう。なぜなら、自然の根底に存するのは絶対的自我と考えられている限り、自我ないし精神というものが自然を生ぜしめる原理とされることになるのは言うまでもないことだからである。そして自然の根底に働いているものが精神的な原理であるとするならば、自然はこの精神的な原理が自己自身の目的を実現してゆくものであると考えられることになるのもまた当然のことであろう。その目的とはすなわち精神ないし意識を生ぜしめるということである。それゆえ、シェリングによると、自然は無意識的な低次の段階からしだいに意識的な高次の段階へいたる発展過程をなしているのであり、すなわち精神へとしだいに近づいてゆく過程にほかならない。自然はいわば成りつつある精神なのである。この過程をシェリングは三つに大別している。すなわち最低の段階は物質であり、次は磁気、電気および化学的現象であり、最高のものは有機体であるというのである。しかしもとよりこの自然の発展は時間的なものではなく、ただ観念的な関係にすぎない。

このような、シェリングの自然哲学が自然科学とは全く異質的な自然についての形而上学的思弁であることは言うまでもない。したがって現代の立場からすればおそらくほとんどその意義を持っていないと言わねばならないであろう。しかしこのシェリングの自然哲学の思想はその当時は自然科学者に対してさえ非常に大きな影響を与えたのであった。それはおそらく当時ちょうど今まで全く異種的と見られていた自然現象の間にも種々連関が存することが明らかにされ、自然をもっと統一的にとらえようとする要求が生じてきつつあったということによっていると見るべきであろうと思われる。

美的観念論

自然哲学によってシェリングはフィヒテ哲学から完全に独立の一歩を踏み出したと言いうるであろう。フィヒテの自我哲学の立場では自然哲学は原理的に成立しえないものであった。その自然哲学がシェリングにおいて考えられたということは、すでに見たように、絶対的自我というものがフィヒテの場合と異なって全く無限的な自我、神的な自我と考えられ、精神ないし意識の根底にのみならず、自然の根底にも存するものと考えられたがためにほかならないと思われる。このフィヒテからシェリングへの変化はあるいは一見極めて小さなものと思われるかも知れない。しかし実は決してそうではない。というのは、これはその根底において絶対的自我の哲学から絶対者の哲学への変化を示しているからである。フィヒテの場合のように絶対的自我が有限的自我の根底に存するものと考えられているならば、それはたしかに絶対的自我と名づけられるべきであろう。しかしシェリングの場合のように、それが自然の根底にも存するものと考えられているならば、どうしてわれわれはそれをあくまでも絶対的自我と称さなければならないのであろうか。それはもはや決して自我ではない。それはむしろ絶対者そのものとして把握されなければならないであろう。なぜなら、それは自我の根底のみならず非我の根底にも、主観、精神の根底のみならず、客観、自然の根底にも存しているものであるからである。これは極めて大きな原理的変化であると言わねばならない。自然哲学というものはすでに絶対的自我の哲学から絶対者そのものの哲学への変化を前提してはじめて成立するとも言えるのである。そして事実シェリングの哲学はその前期の終わりの同一哲学において完全に絶対者の哲学となってゆくのである。われわれはさきにフィヒテがその後期思想において絶対的自我を絶対者と考え直していったこと、そしてこのフィヒテの思想の展開に対してシェリングの自然哲学が影響を与えたと見る見方も存することを述べたが、こうした見方も決して無理ではないのである。

こうして自然哲学はフィヒテの自我哲学からの完全な離脱であったのであるが、この当時のシェリングは必ずしもこのことを十分に自覚していなかったように見える。というのは、シェリングは自然哲学はフィヒテの知識学と相反するものとは考えず、ただ知識学を補うものと考えていたからである。もっとも自然哲学の持つ意義についてのシェリングの考えは決して一義的なものではなく、少しずつ変わっている。一七九七年の『自然哲学への理念』においては、自然哲学は純粋理論哲学に対する応用理論哲学であると考えられている。すなわちここでは自然哲学は単にフィヒテの体系のなかでまだ欠けている応用理論哲学という部分を埋めようとしたものにほかならなかったのである。これに対して一七九九年の『自然哲学の体系の企図への序論』においては、自然哲学は知識学、あるいは先験哲学と同列的なもの、同等の権利を持つものと考えられている。このようにシェリングにおいて自然哲学の重要性はしだいに強く認められるにいたっているのである。しかしそれにしても、この時期においてシェリングは決して自然哲学がフィヒテ的立場を否定するものとは考えていなかったのである。シェリングは一八〇〇年に『先験的観念論の体系』を書いているが、この書は大体においてフィヒテ的立場を基礎として書かれていると言うことができる。このようにフィヒテ的立場に立って先験哲学を書きえたということが、シェリングのこの時期の思想的状況をよく示していると言えるであろう。シェリングはなお自分の歩み始めた新しい思想の本質を十分に自覚していなかったのである。

しかしこのことは何を物語っているであろうか。自然哲学と先験哲学とは元来互いに完全に両立するものとは必ずしも言うことができないであろう。シェリングは先験哲学の課題を「第一の、そして絶対的なものとしての主観的なものから出発して、それから客観的なものを生ぜしめる」ことであると考えているが、これはまさにフィヒテ的立場であり、この立場においては非我そのものはともかく、少なくとも自然は自我によって構成されるものであり、自我から独立的なものではない。これに対して自然哲学は精神・自我に対する自然の独立性を認めることによってはじめて成立するのである。自然哲学と先験哲学との間にはどうしても否定しえない矛盾があると言わねばならないであろう。しかもシェリングはこの時期においてこの矛盾に気づいていなかったのである。それはどうしてであろうか。ニコライ・ハルトマンはその『ドイツ観念論の哲学』の中でこの点について次のように述べている。自然哲学は実在論的根本思想の上に打ち立てられており、先験哲学は観念論的根本思想の上に打ち立てられている。自然哲学の実在論的思想はシェリングの自然観をフィヒテのそれに対立せしめるものである。ところが先験哲学においてはシェリングはフィヒテと全く同じ出発点に立っている。ここでは自然はすべて意識の制約から生ずるのであるとされている。すなわち完全な観念論的立場に立っているのである。シェリングがこの立場を自然哲学の実在論的立場と両立しうると考えたのは、彼がはじめから観念論をも実在論をも問題にしているのではなく、むしろこの両者によって完全には表現できない全く他の体系概念がその根底に存していたことを示していると。われわれもこのハルトマンの見解に賛同することができるのではあるまいか。もしもシェリングが純粋に自然と精神とを自然哲学と先験哲学の対象と考えたとするならば、この両者の立場の矛盾は必ず自覚されたに違いない。しかしシェリングは実は単なる自然と精神でなく、これとは異なったものを真の対象と考えていたのではないであろうか。それはすなわち自然と精神の両者の根底に存する根源的な力、あるいは絶対者そのものである。もしそうであるとするならば、シェリングにおいて自然哲学と先験哲学が共に同一のものを把握するための二つの途であると考えられ、その間の矛盾が自覚されなかったのも十分に理解しうるのではないかと思われる。

このことはさらにシェリングの先験哲学の内容を検討することによって一層納得されるであろう。シェリングの先験哲学はその出発点においてはフィヒテと同一の立場に立っているが、内容的には両者の間に極めて大きな相違が存するのである。それはフィヒテがその知識学を理論哲学と実践哲学との二部門に分けているのに対して、シェリングはこの二つの部門のほかにさらに第三の部門として芸術哲学を付け加えているということである。すなわちフィヒテが自我の働きを理論的と実践的の二つに分けているのに対して、シェリングはこの二つの働きのほかに、それ以上の、この両者を総合する自我の美的な働きを認めたということである。シェリングによれば、理論的自我の働きは無意識的であり、そこにはただ必然性があるのみである。これに対して実践的自我の働きは意識的であって、そこには自由が存する。しかしこの無意識的な働きと意識的な働き、必然性と自由はこの二つの自我の働きを対立させるだけでは決して統一されることができない。だが、シェリングによると、自我の美的な働きにおいてはこの両者が統一されているのである。芸術家の創作活動は意識的なものであるが、しかしそこに創作された完全な作品の中には芸術家が意識的に作り出そうとしたもの以上のものが含まれている。すなわち天才においては自己自身以上の何かが存していて、それが彼を駆ってその意識的活動以上のものを無意識的に創造させるのである。われわれの実践的な働きは永久に完成されることはなく、常に理念を求めて無限に進んでゆくにすぎないが、これに対してわれわれの美的な働きにおいては、無限なものがその完成された形において創造されるのである。それはいわば絶対者そのものが天才によって直観され、天才のうちに働いてその作品のうちに無限なもの、永遠なものを作り出させるとでも言わねばならない。こうして美的な働きにおいては、自由と必然とのあらゆる矛盾は消失してしまうのである。

シェリングのこの思想は通常、美的観念論と言われるものである。そしてこの思想がシェリングがロマンティカーたちとの交際によってその影響を受けたことから生じたものであるということもよく言われることである。たしかにこのことは否定することはできないであろうが、しかしすでに述べたようにシェリング哲学のフィヒテ哲学からの離反が絶対的自我というものを絶対者そのものとして考え直してゆくことにあったとすれば、先験哲学においてもこのような考え方が生じてくるのも当然であると解しうると思われる。フィヒテの場合には絶対的自我はただ自我の根底に存するものと考えられていたのであるから、絶対的自我を理念としてこれに到達するために努力するというとき、そこでは非我を絶滅することが要請されるのであり、したがって非我を絶滅しようとする実践的自我の働きが最高の働きとして考えられるのは当然のことであろう。ところがシェリングの場合には絶対的自我は自我のみならず非我の根底にも存するものであり、いわば絶対者そのものという意味を持たせられている。そうであるとすれば、もはや単なる非我の絶滅ということが最高のものと考えられることはできないことは言うまでもない。そこに実践的働きに代わって、絶対者を直観的に把握する美的な働きが最高のものと考えられてこなければならなかったのであろう。

同一哲学の思想

こうしてシェリングはその自然哲学と先験哲学において実質的にはすでにフィヒテ的な絶対的自我の立場を離れて絶対者そのものの立場へと移っていたのであるが、しかしなおこのことを十分自覚しなかったのであり、そのゆえに自然哲学と先験哲学を互いに両立しうるものと考えていたのであった。だがすでに自己自身の思索の道を歩みはじめたシェリングがいつまでもこのことを自覚しないということはありえない。彼は『先験的観念論の体系』の翌年、一八〇一年に『わが哲学体系の叙述』を著わした。この書はついに未完のまま終わったが、しかしこのなかには完全にフィヒテ的立場から離れた彼の思想がはっきりと述べられたのである。このシェリング独自の哲学が同一哲学と称せられるものである。同一哲学こそシェリングの前期の思想のいわば終極点であり、彼の自我哲学、自然哲学、先験哲学は一歩一歩との同一哲学にいたるための道程であったと見ることができよう。

それでは同一哲学においてはじめて真に自覚されたシェリング哲学の独自の思想とは何であろうか。

それは自我と非我、精神と自然あるいは主観と客観の両者の根底に無差別な同一性としての絶対者を考えるということであった。このことは今までのシェリングの思想の歩みから言って当然行きつくべき結論であったと言えるであろう。シェリングは自然哲学によってすでにフィヒテ的立場を離れながらなおフィヒテの影響の下に、自然の根底に存する根源的なものをやはり何らか精神的なものと考えていた。しかしこの根源的な絶対者が自然と精神の両者の根底に存するものであるとするならば、それが精神的なものとして考えられることは不合理であろう。むしろそれは自然的でもなければ精神的でもなく、両者の完全な無差別でなければならないはずである。それは精神と自然、主観と客観という対立を越えていなければならない。互いに対立するものとしての精神と自然はもとより有限的なものであるが、絶対者はこのようなあらゆる有限者の根底に存する共通的なものであり、絶対的な同一性なのである。そしてシェリングによれば、このような絶対的な無差別としての絶対者はもとより唯一であり無限でなければならず、したがってこの絶対者のほかには何ものも存在しないのである。このように唯一無限なる絶対者という概念がスピノザの実体概念に似ていることは言うまでもないであろう。それゆえにこの時期のシェリングの哲学はしばしば新スピノザ主義と言われる。シェリングも、スピノザと同じように、神ないし絶対者以外の何ものをも認めない汎神論的立場に立っていると言えよう。

しかしこのように無差別な同一性としての絶対者のみが存在してそのほかには何ものも存在しないとするならば、そこからどうして有限者が生じてくるのであろうか。有限者とは差別を持つものでなければならない。だが差別というものは全く存しえないのではないであろうか。シェリングによると、絶対者にはもとより質的な差別はありえないのであるから、有限的なもののうちに存する差別は単に量的な差別にすぎない。絶対者は主観と客観、精神と自然との絶対的無差別であった。したがって有限者のうちにおける差別は、この主観的・精神的な要素と客観的・自然的な要素のいずれかが量的に優勢となることによって生ずるのである。あらゆるもののなかには常にこの二つの要素が含まれているのであり、ただこの二つの要素の占める割合によって互いに区別されるにすぎない。自然といえどもその中には精神的な要素も存しているのであるが、ただ自然的要素が優勢であるにすぎず、精神といえどもそのなかには自然的要素も存在しているのであるが、ただ精神的要素が優勢であるにすぎないのである。われわれがこの有限的な世界を全体として考察するならば、そこにはこの二つの要素の完全な同一性が存するのであり、すなわち絶対者は宇宙そのものにおいてのみ完全に自己をあらわすのである。

これがシェリングの同一哲学の根本思想であるが、ここではもはや絶対的自我という立場は捨てられて、絶対者という立場に移っている。しかもすでに見たように、フィヒテの後期の哲学も絶対的自我から絶対者へという同じような変化を示していながら、われわれはやはりこの両者の哲学に根本的な相違があることに気づくであろう。フィヒテの後期哲学は絶対者の哲学ではあるが、その基調はどこまでも絶対者の世界に近づいてゆこうとするわれわれの実践的努力に重点が置かれているのではないであろうか。フィヒテ哲学はある意味では倫理的観念論という性格を最後まで失ってはいないように思われる。これに対してシェリングの場合には、絶対者はわれわれの実践的努力の目標であるというよりはむしろわれわれを含めたすべての有限者の根底に横たわっているものであり、われわれはこの絶対者を直観的にとらえることが必要であると考えられているのではないであろうか。シェリングの哲学はやはり美的観念論という性格を持っているのである。

このような同一哲学がシェリングの前期の思想の頂点であることはしばしば述べたことであるが、しかしこの同一哲学が大きな難点を持っていることは否定することができないであろう。その難点とはすなわち、このような立場ではなぜ有限者が絶対者から生じてくるかということがどうしても説明しえないということである。シェリングが量的差別という考え方によってこの難点を解こうとしたことは前に見たとおりであるが、しかし量的差別といえどもやはり一つの差別である以上、無差別的な同一性としての絶対者のうちに量的差別が生じてくるということは本来考えられないと言うべきであろう。なるほど量的差別という考え方を取れば、宇宙を全体としてみれば精神的なものと自然的なものとの優劣は相殺されて絶対的同一性が成立すると考えられうるであろう。しかしこのことは決して問題の根本的解決にはなりえないことは言うまでもない。有限者を全体として見るときそこに絶対的同一性があるということは、有限者の成立していることを前提した上ではじめて言えることであるが、問題はもっと根本的なところに、すなわちそもそも有限者がどうして絶対者から生じうるかという点に存するからである。

ヘーゲルがシェリングの同一哲学の根本的欠点と考えたのもまさにこの点であった。ヘーゲルがイエナにおいてはじめシェリング的立場に立って共同の論陣を張っていたことはすでに述べたが、やがてシェリング哲学から離れて独自の道を歩んでゆくようになる。そして一八〇七年に刊行されたその最初の主著『精神現象学』において、ヘーゲルはシェリングの哲学を痛烈に批判して自己自身の立場を宣言するのである。ヘーゲルとシェリングとの関係は、ちょうどシェリングとフィヒテとの関係に似ていると言うことができる。ヘーゲルが『精神現象学』の「序論」で、シェリングの絶対者についての考え方をそのなかにおいてはすべての牛が黒くなる闇夜のごときものであると言って皮肉ったのはよく知られているが、このヘーゲルの批判は内容的には全く正しいと言えるのではないであろうか。全き無差別としての絶対者という闇夜からはいかにしても差別を持つ有限的な牛は生じてこないのである。そしてこの『精神現象学』の出版によってシェリングとヘーゲルの仲は不和となっていったのであった。

3　ヴュルツブルク、ミュンヘン、ベルリン時代

シェリングがイエナを去ったとき、すでに彼には新しくできたヴュルツブルク大学へ赴任するという話が出ていたのであったが、この話はまもなく実現し、シェリングは一八〇三年の秋から教授としてそこで講義を始める。そして、ここに彼は一八〇六年の春までとどまるが、この間に書かれた彼の著作で重要なのは、一八〇四年の『哲学と宗教』である。この書は、全体としてはなお同一哲学的立場に立っていると言えるであろうが、しかしその中に、後期思想へ移ってゆくべき考え方の萌芽も見られる。それは表題そのものが示しているように、後期思想に見られる宗教的傾向への深まりであった。

しかしヴュルツブルクにおいてもカトリックなどいろいろの方面にシェリングに対する反対者はお

り、また政治情勢によってそうした反対の勢力が強まってゆくような状況になったので、シェリングは一八〇六年ここを去ってミュンヘンに行った。シェリングが三十一歳の時である。彼はそこで学士院会員に任命され、また造形芸術学士院書記長に任ぜられた。そしてここで落ちついた実りある生活を送った。一八〇七年皇帝の命名日に行なった記念講演はすばらしい成功をおさめ、シェリングの名声は高まっていった。

家庭生活もまた愛にみちた幸せなものであった。カロリーネはシェリングに献身的な愛と尊敬を捧げて、ただ彼を信じ彼に従ってゆくことにその喜びを見出したのであり、シェリングもまた彼女に対して変わらざる愛を注いだのであった。しかしこの幸せも長く続かず、一八〇九年の九月にカロリーネは、シェリングと共に行っていたマウルブロンという町で、七年前アウグステが死んだのと同じ病気にかかり僅か数日の後に死んだ。シェリングはその翌年の一月十四日、その友人への手紙の中で、「私をこの世につなぐ最後のきずなは断たれてしまいました」と、悲しみを述べている。

しかしカロリーネの死によって深く打ちひしがれたシェリングの心にもやがて第二の愛が訪れるようになる。カロリーネの年少の友人であり、彼女を深く敬愛していたパウリーネ・ゴッターとシェリングは、カロリーネの死を共に悲しむことによってしだいに近づいていったのである。パウリーネはゲーテの若い時代の友人である詩人の娘であり、ゲーテにも子供のように可愛がられていたと言われている。彼女はシェリングよりも十四歳若い清純な女性であった。二人はカロリーネが死んでから約三年後、一八一二年に結婚した。この新しい結婚生活は平穏なものであった。二人の間には多くの子供が生まれ、シェリングはその死にいたるまでこの恵まれた家庭生活を送ったのである。

ミュンヘン時代

ミュンヘンに移ってからも、シェリングの関心はすでにヴュルツブルク時代に見せはじめた宗教的傾向をさらに一層強く示すようになる。そしてしだいに神秘的・非合理主義的な色彩を帯びるようになり、その前期の同一哲学的思想から離れてゆく。一八〇九年に著わされた『人間的自由の本質およびそれと関連する諸対象についての哲学的研究』はこのようなシェリング哲学の展開にとって極めて大きな意義を持つものである。

しかしその後シェリングは全く沈黙してしまう。もとより彼はその哲学的思索をやめてしまったのではなく、むしろその後期のいわゆる積極哲学にいたる道を悪戦苦闘しつつ切り開いていったのである。彼は前記の『人間的自由の本質』を書いてからただちに『世代』という著作に取りかかり、一八一一年には出版できると信じて、実際またその一部を印刷させたにもかかわらず、ついにそれは生前に出版されることなく、遺稿のまま残されなければならなかった。このことは、シェリングがいかに自己の新しい思想の産みの苦しみを体験していたかを示すものであろう。

その間シェリングはまた大学での講義を行なってもいる。一八二〇年から二六年にかけてシェリングはミュンヘンにおける地位を辞することなく、しばしばエルランゲン大学で半ば私的な講義を行なっている。そしてこの七年間のエルランゲン生活の後、再びミュンヘンに戻って一八二七年国立学術会議の会長、学士院院長となり、またミュンヘン大学の教授として講義をした。これらの講義のなかで、彼はしだいにその思想を成熟させていったのである。ミュンヘンにおける講義では、彼の後期思想の入門とも言うべき『哲学的経験論の叙述』や、近世哲学史のうちに自己の哲学を位置づけた『近世哲学史』や、さらに後期の積極哲学の思想を内容的に展開した『神話の哲学』『啓示の哲学』が講ぜられた。しかし、これらの講義もついに生前には公刊されなかった。

またシェリングは一八三五年には皇太子に講義をし、その哲学の先生となるという任務を与えられた。彼は五年間にわたってこの任務を忠実に果たした。師弟の間には深い内面的な結びつきが成立し、それは終生変わることがなかった。ずっと後のことになるが、皇太子が王位を継いでマクシミリアン二世となるや、その翌年の一八四九年には（その時すでにシェリングはミュンヘンを去り、バイエルンと公的な結びつきはなくなっていたが）シェリングにバイエルンの大十字勲章を与え、また一八五三年には貴族に列したのである。

こうしてシェリングはミュンヘンにおいてバイエルン王室の暖かい庇護のもとに活動したが、しかしやがて七月革命の影響がヨーロッパ全土にひろがり、バイエルンでもしだいに自由を抑圧する傾向が強くなっていった。シェリングは個人的にはなお王室と密接な関係にあったが、しかしこのようなバイエルンを離れたいという希望を持つようになった。ちょうどこの頃ベルリンでは一八三一年ヘーゲルが死んでから、ヘーゲル学派の分裂が起こり、いわゆるヘーゲル左派の勢力が強まっていったが、プロシア政府はいっさいの既成宗教を否定してゆこうとするヘーゲル左派に対抗する哲学者としてシェリングに目をつけて、一八四〇年シェリングに対してベルリン大学教授就任を招請したのである。シェリングの積極哲学が既成宗教の哲学的基礎づけという意味を持っていたためであろう。シェリングはこの招請を受けて、一八四一年秋にベルリンに移った。この時シェリングはすでに六十六歳になっていた。

ベルリン大学へ

ベルリンではシェリングに対する大きな期待とともにまた敵意が待っていた。ベルリン大学はヘーゲル哲学の牙城であった。一八一八年からその死にいたる一八三一年までヘーゲルはベルリン大学で講義をし、その哲学はドイツ全体に大きな影響を与えていた。ヘーゲルの死後ヘーゲル学派は分裂して新しい哲学の動きを示しはじめてはいたものの、ベルリン大学はヘーゲル哲学の影響の最も強いところであり、シェリングがベルリンに行くということはいわば敵地に乗りこむという意味をも持っていたのである。しかもシェリングの後期の積極哲学の思想はヘーゲル哲学に対する徹底的な否定の上に成り立っているものであった。ヘーゲルの『精神現象学』が出てその中にシェリングの同一哲学に対する批判が述べられて以来、ヘーゲルの名声があがってゆくのに対比して、シェリングはしだいにヘーゲルの陰にかくれて目立たぬようになっていった。『人間的自由の本質』でさえ、もはやそれまでのシェリングの諸論文がひき起こしたような反響を呼ばなかったのである。そしてそれ以後の彼の沈黙は、名前こそ依然として有名ではあったが、すでに彼は過去の人という印象を与えてしまったのであった。しかしこの間シェリングは絶えずヘーゲルを意識しつつ、自己の後期思想への深まりに努め、その立場からその講義においてもヘーゲル哲学に対して容赦ない批判を加えていたのである。そのシェリングが今やベルリンに赴いたのである。彼自身その心にひそかにヘーゲル哲学との対決を期していたであろうし、またベルリンにおいても人々はシェリングの積極哲学と称するものがどういうものであるかを知ろうとする期待と共に、シェリング何者ぞという敵対心も持っていたに違いない。

ベルリンでのシェリングの最初の講義は多数の聴講者に迎えられた。大講堂が人にあふれたと言われている。しかしこのようにシェリングの評判がベルリンで高くなってゆくにつれて、またその反対者からの攻撃も強くなっていった。シェリングはベルリン大学での就任演説で、自分は単に今までの哲学の傍らにもう一つの他の哲学を置くというのでなく新しい今までは不可能と考えられていた学問を付け加えようとするのであると豪語していたが、彼の積極哲学の内容が講義によって分かってくるにつれて、その批判が現われたのである。エンゲルスの書いた『シェリングと啓示、自由の哲学に対する最近の反動の企てに対する批判』が匿名で出たのは、まだシェリングのベルリンでの第一学期の講義の終わらないうちであった。このほか一、二の批判が出たが、シェリングは自分の講義内容がまだみずから発表しないうちにこうした形で公表され批判されることに不満を持っていたが、格別に何らの処置も取らなかった。しかしやがてかつてイエナとヴュルツブルクでシェリングの同僚ではじめシェリングと親しかったがやがて不和になっていったハインリッヒ・パウルスという人が『ついに啓示されるにいたった啓示あるいは発生史の積極哲学』と題する書物を自費で出版し、その中にシェリングの講義を学生のノートによって全文をことば通りに収録したとき、ついに告訴に踏み切ったのである。しかし自分に無断で講義内容を公表した点についてのシェリングの抗議に対して、パウルスは、シェリングの哲学のごときはこれを反論することが公共の利益になるのに、著者自身がその講義を公表しない以上、自分がそうする以外に方法はない、と述べた。裁判の結果は、シェリングの予期に反して、シェリングの敗訴に終わったのである。そしてこれによってシェリングは大学の講義をやめることを決意した。彼の講義の聴講者の数もしだいに減じていた。

シェリングは一八四六年春以来講義をせず、世間の目に触れない静かな隠棲の生活を送った。彼は幸せな家庭の中でその思想を深めようとした。一八五四年の夏、彼は療養のために旅をし、その途中、八月二十日ラガッツで死んだ。

4　後期思想

シェリングの後期の哲学は、すでに一言触れておいたように、宗教的傾向を強く持つものに変わっていった。前期の哲学は自然哲学によってフィヒテ哲学のわくを踏み出してから、しだいにその独自の道を歩んでゆき、ついに同一哲学において一応の終極点にまで到達したと言える。ところが、後期のシェリングは今やこれとは異なった道を歩み始めるのである。しかもこの変化は極めて著しいものであった。というのは、彼はついに自分の同一哲学をも含めていっさいの理性的哲学を否定し、非理性主義的な積極哲学という立場に立つにいたるからである。われわれはフィヒテの場合にも、その後期の哲学はしだいに宗教的色彩を強くしていったことを述べた。しかし彼の場合には、前期と後期の間にその思想の変化は存するけれども、それはなお一つの展開過程と考えうるものであった。後期の思想は前期の思想の当然の発展深化であったと見うるものであった。これに対してシェリングの場合には同じく宗教的傾向を強めたといっても、それは前期の思想を否定するような方向へ進んでいったのである。もとよりだからといってシェリングの前期の思想と後期の思想とが全く無関係であるというのではない。後期の思想といえども前期の思想の包蔵する問題点を取りあげて、それを解決するために努力したのである。したがってある意味では前期の思想と後期の思想との間にはやはり一貫したた発展が存するのであり、また内容的に見ても前期の思想は後期の思想のうちにおいても依然として全く消失してしまっているわけではない。しかしそれにしてもシェリングのようにその後期の思想において前期の思想を否定する全く新たな立場に移っていったということは珍しいと言わねばならないであろう。

それではこのような思想の大きな変化はどうして行なわれたのであろうか。この点を十分に解明することは、シェリングの後期思想の研究が一般になお十分に行なわれていない現在では、非常に難しいことである。クーノー・フィッシャーによると、シェリングはエッシェンマイヤー——この人はシェリング哲学の影響を深く受けついだ人で、いわばシェリングの信奉者の一人であった——が一八〇三年に書いた論文のなかで、シェリングの立場を全体として肯定しながらも、シェリングの同一哲学は、それが汎神論である以上は真に宗教を認めることはできないものであり、宗教を認めるためにはわれわれは哲学の立場を越えて、すなわち認識によってではなく信仰によってこれを行なう以外にはないと主張したのに心を動かされてこの問題について考え、『哲学と宗教』という論文を書いたという。『哲学と宗教』は一般にシェリングの後期哲学への転換を示す過渡的な作品と考えられているが、そうであるとすれば、エッシェンマイヤーのシェリング批判がシェリングの宗教問題への沈潜を促した誘因であるということになる。実際シェリング自身も『哲学と宗教』のなかでエッシェンマイヤーのこの論文に触れているのである。

こうしてエッシェンマイヤーの論文がシェリングの思想の展開に一つの大きな意義を持っていたことは否定しえない事実であると思われるが、しかし私は『精神現象学』におけるヘーゲルのシェリングの同一哲学に対する批判もシェリングの思想の転回に重要な役割を果たしているのではないかと思う。『精神現象学』が出版されたのは一八〇七年であるが、一八〇九年にシェリングはその『人間的自由の本質』という論文を発表している。そしてこの論文『哲学と宗教』にもまして、シェリングの新たな思索への明確な第一歩を示したものであったのである。この論文はなお後期の積極哲学にまでいたったものではないが、通常シェリングの思想の展開のなかで画期的な意味を持つ代表的なものと考えられているのである。ヘーゲルのシェリングの同一哲学に対する批判は、すでに述べたとおり、絶対的同一性として考えられた絶対者からどうして有限者が生じてくるかは決して理解することができないというものであった。シェリングの絶対者は「そのなかではすべての牛が黒くなる闇夜」であるということであった。このヘーゲルの批判はたしかにシェリングの同一哲学の弱点を鋭くついているると言うことができるであろう。この批判に対してシェリングは後期の思想において自分の解答を見出そうとし、ついに積極哲学の思想へと到達したのではないであろうか。『人間的自由の本質』においてシェリングはヘーゲルについて触れてはいない。しかし『精神現象学』が出て以来、シェリングはヘーゲルに対して引き続き執拗とも言えるほどの敵意を持ち続けている。そして後に『近世哲学史』においては彼はヘーゲルの哲学を徹底的に批判しているのである。積極哲学はある意味ではヘーゲル哲学に対抗して打ち立てられたものであるとも言えるのではないであろうか。シェリングの後期思想の展開がヘーゲルの批判と無関係であるとは決して言えないように思われる。

神の意志

『哲学と宗教』においてもすでにいかにして有限的事物が絶対者から生じてくることができるかという問題が取り扱われている。そしてこの問題に対してシェリングは「絶対者から現実的なものにいたる漸次的移行は存在しない。感性界の根源はただ絶対性からの完全なる断絶として、飛躍によって、考えうるのである」という解答を与えている。シェリングによると、絶対者が自己認識によって主観と客観とに分かれるのだというように考えても、そこに生じてくる客観とはあくまでもイデアであり、観念的なものにすぎない。それはいわば観念的な実在にすぎない。真に現実的な実在が絶対者から生じてくるということは、ただ絶対者からの堕落によると言う以外にはないのである。このような考え方がすでに同一哲学の立場を一歩越え出ようとしているものであることは言うまでもないであろう。

シェリングの問題意識はさらに『人間的自由の本質』において一層明確となってゆく。この論文の主題は悪の問題、すなわちいかにして神から悪が生ずるかという問題であり、そこには宗教的な根本問題が『哲学と宗教』の場合よりもさらに真正面から取りあげられているが、しかし神からいかにして悪が生ずるかという問題も結局神からいかにして有限者が生ずるかという問題と深く連なっていることは言うまでもないことである。

『哲学と宗教』におけるこの問題の解決は決して十分なものであるとは言えないであろう。有限的事物は神からの堕落によって生ずるといっても、問題はどうしてこの堕落が起こるかということに移ってゆくわけであり、この問題は依然として解決されず、ただ解決が延期されているにすぎないと言えるのではないであろうか。それゆえに『人間的自由の本質』においてシェリングはこの問題にさらに一層迫っていったのではないかと考えられる。そしてこれによってシェリングの哲学は積極哲学にいたるべき重要な歩みを踏み出していったのである。

『人間的自由の本質』におけるシェリングの根本思想は、絶対的に考察された神、すなわち実存する限りでの神と、神の実存の根拠とを分けるということである。シェリングによると、神の前にも神の外にも何ものも存在しないのであるから、神は自己の実存の根拠を自己自身のうちに持っているのでなければならない。しかしこの神の実存の根拠は神そのもの、絶対的に考察された神ではない。それは神から離すことはできないが、しかし神と区別されたものなのである。シェリングはこれを神における自然と名づけている。この神における自然は神の実存の根拠である限り、実存するものとしての神に先立つものであるが、しかしまた神が現実に実存しなかったならば、この根拠も存在しえないのであるから、神はその根拠に先立つのである。

このように神そのものと神の自然とを区別することによって、シェリングはすべての事物がいかにして神から生ずるかを理解することができると考える。有限的な事物は決して神そのもののうちに生ずることはできない。なぜならそれらは神とは全く異なるからである。しかも神の外には何ものも存しないのであるから、有限的事物は神のうちにあって神ならざるもの、すなわち神の自然、根拠から生ずると考えられるほかはない。このことはいわば神が自己自身を産もうとする憧憬から有限的事物が生じてくると言うことができるであろう。その憧憬とは神が自己を啓示しようとする根源的な意志である。それはすべての規則と秩序との根源に存する悟性なき意志である。まずこの根源的な意志があって、それによって世界のすべての規則と秩序が生ずるのである。シェリングはここに神を根源的に意志的なものと考える考え方に到達したのであった。

シェリングはここから悪の問題も解きうると考える。すべての事物は神から区別され離れているものであるから、そこには自己意志が存在するのであるが、この自己意志の高揚がすなわち悪にほかならない。人間の意志が根源的な神的な意志と合一している限りはそこには悪は生じないが、しかし人間の意志が自己を中心に置こうとするとそこに悪が生じうるのである。すなわち悪は自己意志を中心としようとすることによって生ずるのであって、単に善の欠如というような消極的なものではなく、積極的な性格のものなのである。

だがこの説明によっては、ただ人間においてどうして悪が可能であるかということが理解されたにすぎない。もっと重要なのは、どうして人間において現実に悪が存するかということでなければならないであろう。シェリングはこの問題について次のように考えている。神そのものにはただ愛の原理があるのみであって、そこにはもとより悪は存在しない。しかし神の実存のためには神の根拠が必要であった。この愛の意志と根拠の意志は二つの異なった意志であり、愛の意志は根拠の意志を否定することはできない。なぜなら、愛が存在しうるためには根拠が働かねばならないからである。つまり神が自己を啓示するためには根拠として働かねばならないのであり、根拠は神に対立するものを生ぜしめなければならないのであるから、ここに悪が現実に存在しなければならない理由があるのである。しかしもとよりそれは愛の原理を実現するためであって、決して悪そのものを認めることでないのは言うまでもない。したがって悪はついに否定されてゆかねばならない。そしてこのように悪を否定し愛の原理を実現してゆくところに道徳と宗教が成立するのである。

このように神は愛であるが、しかし神が自己啓示を行なうためには、それは根拠と実存とに分かれねばならず、その根拠によって悪が生じ、その悪を実存としての神が愛の原理によって克服することにおいて自己を示してゆくことが必要なのである。そうであるとすれば実存と根拠とに分かれる以前の神は愛ではあるが、それはまだ愛としてあったのではないであろう。シェリングはこのような根源的なものを原根拠または無根拠と名づけている。それはまた単なる同一性ではなく無差別であるとも言っている。ここには同一哲学の考え方がなお残っているとも言えるであろうが、しかし同一哲学の時期では同一性と無差別ということばは区別して用いられていなかったのに対して、ここではこの両者は厳密に区別されているのである。このことは同一哲学と『人間的自由の本質』との間の思想の相違をはっきり示していると言えるであろう。

このようなシェリングの考えがまた同一哲学の時期の汎神論的思想から人格神という考え方に一歩進んでいったものであることも言うまでもないことである。シェリングの神はいっさいのものが論理的必然性によってそこから結果してくるようなものではなく、みずから愛の意志によって自己啓示するものであるからである。

積極哲学の立場

こうして『人間的自由の本質』はシェリングの思想の展開にとって極めて大きな意義を持つ論文であるが、その後、彼の思索はさらにこの論文で一歩を踏み出した非理性主義的方向へ向かって動いてゆく。そしてついにいわゆる積極哲学の立場に到達するのである。積極哲学という思想は事物の本質と事物の実存、すなわち事物が何であるかということと事物があるということを峻別することによって成立するものであった。シェリングがその『啓示の哲学』において述べているところによれば、哲学以外のすべての学問は何らかの対象についてその何であるかを、すなわち対象の本質を研究しようとするものであって、何ゆえにこれらのものが存するのかという問題を問おうとしない。さらに哲学においても今までの理性的哲学はやはり、たとえそれが絶対者について考察していても、ただその本質を論じているにすぎない。しかし本質と実存とは異なるのであるから、このような哲学はまだ真に究極的なものではない。それはただ可能性を論じているだけであって、現実性を把握しているのではない。したがってそれは消極哲学と呼ばれるべきである。これに対して真の哲学は事物がなぜ現実に存するかということを問題にするものでなければならない。「何ゆえに総じて何かがあるのか、何ゆえに何もないのではないのか」という問題を取りあげなければならない。そしてこの問題に答えようとする哲学が積極哲学と呼ばれるのである。シェリングは消極哲学を全く否定するのではなく、むしろ哲学は消極哲学と積極哲学との両者によって真に完成されると考えたのであるが、とにかく積極哲学こそ消極哲学以上の意味を持つものであり、みずからの同一哲学を含めて今までの哲学は消極哲学のわくを越え出ていないと言うのである。

しかしそれではシェリングが『人間的自由の本質』からさらに積極哲学にまで進んだのはなぜであろうか。この問題はシェリングの後期思想を克明に研究しなければ解答を見出しえないであろう。私などとてもこの問題に対する解答を与えうるものではない。しかし私は『人間的自由の本質』と『哲学的経験論の叙述』とを比較してみると、そこに一つのはっきりした相違があり、この相違がこの問題に対する解答に何らかの示唆を与えるものではないかと考える。『哲学的経験論』はまだそれ自身はいわゆる積極哲学ではないであろう。積極哲学は通常『神話の哲学』『啓示の哲学』において展開されていると考えられている。しかし『哲学的経験論』はミュンヘンで一八三六年まで講義されたものであり、そしてこの時には神話および啓示の哲学の講義も行なわれているのであるから、『哲学的経験論』は、それ自身は積極哲学の内容を示すものではないとしても、すでに積極哲学の思想を抱きはじめた時期のシェリングの講演であることはたしかであろう。それゆえここに述べられている思想は積極哲学の基礎となっている思想を示しているに違いないのである。

それでは『人間的自由の本質』と『哲学的経験論』との相違はどこに存するか。私はそれは根本的には後者においては神が存在を定立すること、もっと一般的なことばを用いるならば、神の世界創造は全く神の自由な意志によると考えられていることではないかと思う。『人間的自由の本質』ではなおこの点が十分に考え抜かれていなかったのではないであろうか。そこでは神の実存と根拠とを区別することによって、その根拠から有限的事物が生じることが論じられた。そしてこのことは神が自己を啓示するために必然的なことであると考えられていた。すなわち神は必然的に自己啓示をすべきものである以上、有限的事物の存在、ひいてまた悪の存在というものは必然的であるという考え方が存していたと言いうるであろう。これに対して『哲学的経験論』では神はさらに一層自由なものと考えられているのではないであろうか。神の意志は全く自由であって何をすることも何をしないことも自由なのである。したがって神が自己を啓示するということも神の自由な意志によっているのであって、決して神の本質から生ずる必然的なことではない。神の世界創造はただ神が自己を啓示しようと意欲することによってのみ行なわれるのである。もとより神は本質的に有限的事物、世界を定立することのできる力をはじめから持っているのでなければならないが、しかし現実にそれを定立するのはただ神の自由な意志によっているのである。

もしも『人間的自由の本質』と『哲学的経験論』との間の根本的な相違がここに存すると見ることができるとするならば、われわれはまたここからなぜシェリングが積極哲学へ移っていったかということも理解することができるのではないであろうか。われわれが概念的・理性的にとらえうるのはただ神の本質のみである。われわれは、神が世界を創造し有限的事物を定立した以上は、神の自己啓示のためにどういう仕方で神の力が働かねばならないかということを概念的に把握しうるであろう。しかし現実に神がなぜ世界を創造し、自己を啓示したのかはもはや決してわれわれの理解しうるところではない。それはただ神の全く自由なる意志によっているのだからである。すべての事物の現実性、実存は神が現実に自己を啓示しようとする意志によってのみ定立されるのである。そうであるとすれば、われわれがこの神を把握するためには概念的認識を捨て去るほかはないであろう。むしろわれわれは現実の神の啓示を根源的な事実として受けいれてゆかねばならない。したがって消極哲学は積極哲学へと移らねばならないのである。そしてシェリングは真の神の啓示はキリスト教において行なわれているが、広義においては啓示は種々の民族の神話においても示されていると考えたから、積極哲学は神話と啓示の哲学として展開されるのである。『哲学的経験論』はこの意味でシェリングの後期の思想の原理を明瞭に述べた重要な論文であり、積極哲学への好個の入門であると考えられる。

それではシェリングはどうして神の世界創造さえも神の自由な意志によると考えるにいたったので

あろうか。『哲学的経験論』では、その理由は、神が世界を創造し存在を定立しなければならないとすると、神はまた神の相関者との関係において考えられていることになり、真の神の独立性が失われるというところに求められている。すなわちここには神の絶対性を徹底的に守ろうとする宗教的態度があると言えよう。しかしこのことはまた逆に言えば、絶対者からいかにして有限者が生ずるかというヘーゲルによって投げかけられた問題に対して、それは神の意志によるというよりほかついに答ええない問題なのだという、いわば解答を諦める態度の表明であるとも言えるのではないであろうか（この問題についてのヘーゲル自身の解答については、第四章を参照されたい）。

実存哲学への影響

さてこのようなシェリング後期の積極哲学の思想はどういう意義を持っているのであろうか。われわれはたしかにシェリングが自己の前期の同一哲学にひそむ欠陥を自覚して、その欠陥を克服するためにねばり強い思索を進めていったことを認めなければならない。そしてその結果、彼は可能性と現実性、本質と実存とをはっきり区別する独自の立場へと到達したのである。同じように後期の思想においてて宗教的方向に進んでいったといっても、フィヒテとシェリングの後期思想が互いに全く異なっていることは言うまでもないであろう。フィヒテの場合には、それはなお全体としては汎神論的色彩を持つものであったと言えよう。これに対してシェリングの場合には汎神論的立場が捨てられ、絶対に超越的な神が考えられ有神論的立場へと移っているのである。そしてこれによって理性主義の立場を越えて非理性主義の立場へと転回したのであった。シェリングの目から見れば、フィヒテの哲学はその後期思想をも含めて消極哲学のうちに数え入れられるべきものであろう。この点でシェリングの積極哲学の思想は思想史的に見て大きな意義を持っているのである。とくに本質と実質とを分ける考え方が実存哲学の根本思想と相通じている点から、シェリングの後期思想が実存哲学の淵源として見直されつつあることは、この解説のはじめに述べたとおりである。

しかしシェリングの積極哲学と実存哲学とがまた全く異なった性格を持っていることも否定しえないのではないかと思われる。実存哲学でも本質と実存とが厳密に区別されるが、それはとくに人間について言われるのであって、人間は本質としてとらえることはできないものであり、実存であると考えられるのである。すなわち実存哲学では実存というとき人間をさしているのである。そしてこの実存、すなわち人間の立場からいかに生きるべきかということを考えてゆこうとするのが本来の実存哲学であると言いうると思われる。ところがこれに対してシェリングの積極哲学の問題は決してそうではない。もとよりそこには絶対的な神を求めようとする人間の宗教的態度が根底に存するとは言いうるが、しかし問題として立てられているのは、むしろ神からいかにして世界、有限的事物が生じてくるかということであると言えるであろう。そして有限的事物の実存は結局神の現実的な自己啓示の意志によって生ずるものと考えられるのであるから、究極的な実存とは神の現実性、神の実存であるということになる。それは決して人間ではないのである。シェリングの積極哲学は、したがって、どこまでも神から出発しようとする哲学であり、内容的にも極めて神秘的な色彩の濃い思弁的形而上学になってゆくのである。キルケゴールがベルリン大学でちょうどベルリンに移ったシェリングの講義を聞いてはじめは非常に感激しながら、やがて間もなくその講義に失望して早々にしてベルリンを引きあげてしまったのも、シェリングの積極哲学とキルケゴールの実存哲学との根本的な相違を示しているのではないであろうか。しかしともあれ、シェリングの積極哲学の研究は今後に残された問題である。その研究から、歴史的にシェリングの思想がどういう点で実存哲学に影響を与えているか、あるいはまたそこから将来われわれがどれだけの示唆を受け取りうるかは決して早急に断定することを許さないと言わねばならない。

第四章　ヘーゲル

1 ヘーゲルに対する相反する評価

いかなる思想に対しても必ずその批判が生ずる。自己の思想が他の人によって批判され、非難されるのは、思想家の持つ当然の宿命であると言えるであろう。まして偉大な思想家は、それが偉大であればあるほど、多くの賛同者を見出すとともに、また多くの反対者からの批判を浴びるのが通常であろう。

それゆえ、ヘーゲルの思想に対しても多くの批判が行なわれるのは決してふしぎなことではないのであるが、しかしそれにしても、ヘーゲルの場合、そこには他の思想家の場合に比して、かなり異常な状態が存するようである。というのは、ヘーゲルの思想に対する評価はまったく極端に対立しているからである。ある人々はヘーゲルの思想のうちに他の思想のおよびがたい深遠なものがあると考え、たとえヘーゲルのうちにいろいろの点で誤りや欠陥が存しているにしても、われわれは現在なおそこから多くのものを学びとることができると思っている。ところが、これに対してある人々は、ヘーゲルの言うことははじめから終わりまでまったく痴人のたわごとのごとき無意味なことばの連続であって、ほとんど真面目に取りあげるに値しないと考えるのである。

このようにヘーゲルに対して否定的評価をくだす人は、当然のことであるが、とくに英米の経験論的哲学者のうちに多く見出される。ラッセルはその『西洋哲学史』のなかで、「私はヘーゲルの学説はほとんどすべて誤りであると信ずる」と述べているし、あるいはさらにポッパーはその『開かれた社会とその敵』という書物のなかで、口をきわめてヘーゲルを罵倒している。彼によると、ヘーゲルの哲学が世間的に大きな成功をおさめたことによって、仰々しい、わけのわからぬことばの魔術に支配される「不正直の時代」「無責任の時代」がはじまったのである。そしてヘーゲルがこのように成功をかちえたのは、ひとえにプロシア政府がその哲学を支援したからにほかならない。ヘーゲルはナポレオン戦争後の封建主義的な王政復古の時代にプロシア政府によって任命された最初の御用哲学者であり、そのため、ヘーゲルの哲学はひろく浸透していったのだ、というのである。

しかしヘーゲルに対するこのような否定的評価はひとり経験論的哲学者の間にのみ見出されるのではない。ヘーゲルと同時代に生きたショーペンハウアーは、彼自身形而上学的な哲学者であるにもかかわらず、ヘーゲルについては、たとえば次のような手ひどい批判を行なっている。

「ヘーゲルの弟子どもが、同時代の人々に対するその師の影響は測りがたいものであったと主張するとき、それはまったく正しい。一時代の学者たちをすべてまったく精神的に麻痺させ、何も思惟することができなくしてしまい、いやそれどころか思惟とは何であるかということをもはや知らず、このうえなく気ままな、また愚劣なことばと概念の遊戯をすることを、あるいはそこから生じてくる哲学の諸問題について、捏造された主張や、まったく無意味な、さらには矛盾によって成り立っている命題をもって、無思想なおしゃべりをすることを、哲学的思惟と思わせるようにしたこと――これが弟子どもの誇るヘーゲルの影響なのである」(『哲学小品集《パレルガ・ウント・パラリポメナ》』中の「大学の哲学について」)。

このようなポッパーやショーペンハウアーのヘーゲル批判のことばの激しさはまったく驚くべきものであるが、しかしこうしたヘーゲルに対する敵対感は現在の日本の知識層のあいだにおいても、かなり広範囲にわたって存在しているのではないであろうか。ヘーゲルのような形而上学的な哲学を尊重しそこから影響を受けてきたということが、いままでの日本の哲学界、さらに広く言えば日本の思想界の弱点であったのであり、ヘーゲル哲学の呪縛を脱することこそ、現代の急務なのではないか、という見解はかなり多くの人によって抱かれているのではないであろうか。

しかし、このようにヘーゲル哲学がある人々によってまったくのノンセンスとして非難される一方、ヘーゲル哲学が歴史的にその後の哲学に測りしれない大きな影響を与えているということも、厳として否定しえない事実である。そしてその影響は、現在においても決して減少しているとは言うことができない。このことは、マルクス主義がヘーゲル哲学の影響を深く受けていることを考えるだけでも、十分納得されることであろう。なるほどヘーゲル哲学そのものに対する関心は、十九世紀後半、一時衰えたように見えたこともあるが、しかし二十世紀になってふたたびその関心は高まり、とくに最近はひとりドイツにおいてのみならず、フランス、イギリスなどにおいてもヘーゲル哲学の詳細な研究がぞくぞくと発表されている状況である。これらの研究が発表されていること自体が、ヘーゲル哲学のうちに大きな意義を認めている人々が多数存在することを示していることは言うまでもないであろう。

このようにヘーゲルの場合まったく極端に相反する評価が対立しているということは、たしかに異常なことであると言わねばならない。もとよりこのことはヘーゲルの場合のみに特有の現象であるとは言えないであろうが、しかし少なくとも大多数の思想家の場合には、たとえその反対者といえども、その思想をはじめから終わりまでまったくのノンセンスであると断ずるということはないのではないであろうか。むしろその思想家が偉大である場合には、その思想に反対する人でもやはり何かの意味でその思想の持つ意義を認めうるのではないであろうか。たとえば、カントの場合などを考えてみよう。カントの思想に対しても反対者が存することは言うまでもない。それどころか、カントの思想を根本的に誤りであると断ずる人も多いであろう。しかしそれにしても、カントの思想に少しも意義を認めず、その思想全体をまったくわけのわからぬノンセンスであると考える人はほとんど存しないのである。

ところがヘーゲルの場合には、その思想はある人々によってはすべてノンセンスなことばの連続であると考えられる。このことは何を意味するであろうか。言うまでもなく、これはヘーゲルの哲学がきわめて難解であって、その内容そのものが読む人によってまったく異なって理解されるということではないかと思われる。もしも内容について、読む人がすべてある程度の一致した理解に到達することができるとすれば、その思想についての評価も、一方では深遠な思想と見、他方ではノンセンスと見るほどの極端な相違は生じてこないのではないであろうか。ところが、ヘーゲルの哲学はむずかしい文章で述べられ、その文章をただことばを追って読んでゆくだけでは容易に理解しがたい。ラッセルも、ヘーゲルの哲学は大哲学者のうちで最も理解困難なものである、と述べているくらいである（『西洋哲学史』）。この点にヘーゲルの哲学に対する極端に相反する評価が生じてくる原因が存すると考えられる。

ヘーゲルの哲学がこのような性格を持っているとするならば、ヘーゲルについて解説を書くということは、はじめから大きな困難にぶつからざるをえない。元来ある思想の解説というものはできるだけ客観的にその思想を要約して叙述するべきものであろう。もとよりいかなる解説も完全に客観的であることはできない。そこには必ず解説者の主観的色彩がはいりこんでくるであろう。しかし少なくともなるべく主観的な解釈を排除することが通常、解説に対して要求されることであると思われる。ところがヘーゲルの場合、このような客観的な解説は不可能であると言わねばならない。このような解説は、ただでさえ難解なヘーゲルの哲学を短い枚数で要約するのであるから、さらにいっそうそれを難解なものにするということ以上のことをなしえないからである。それは決して解説の役目をはたすことはできない。

それゆえ私はこの章のなかでかなり思いきって私の主観的な解釈を述べざるをえなかった。主観的解釈といっても、私自身はむろんこれをヘーゲル哲学の「客観的」解釈であると信じているのであるが、ヘーゲル哲学の絶対者観について、あるいはヘーゲル哲学の方法である弁証法について、そこには一般のヘーゲル解釈とのあいだに多少の相違がある。

私自身、三十年前に大学を卒業するにあたって卒業論文でヘーゲルを取り扱って以来、絶えずヘーゲル哲学に惹かれ、またそこから私なりにいろいろの示唆を得てきた。自分が大学で教えるようになってからも、私はたびたびヘーゲルの書物を演習に使っている。しかしそれにもかかわらず、いまもって私は、自分がヘーゲル哲学を完全に理解しえたという確信を持つことはできない。むしろヘーゲル哲学は読めば読むほどわからないところが出てくるというのが偽らざる実情であると言わねばならない。それゆえ、私は私の解釈が正しいヘーゲル解釈であると断言することはできない。私は、この章の読者がもしもヘーゲル哲学についての一般的解釈に通じておられないのであれば、私の解説のほか、ヘーゲル哲学についての二、三の解説的文章をもあわせて読まれることを希望しておきたい。ただ、私はヘーゲル哲学は私のように解釈するとき、はじめてたんなるノンセンスの連続ではなく、われわれにとって理解しうるものとなり、また意義を持つものとなるのではないかと考えるのである。

私の解釈の目ざすことは、ヘーゲル哲学についての神秘的解釈をできるだけ除去しようとするところにある。たとえばふつうヘーゲル哲学については、概念（あるいは思想、ロゴス）というものが絶対者、神と考えられており、この概念は自己自身で展開してゆくものであり、ついにはそれは自己を外化して自然になり、さらにまたそこから自己に還帰して精神となってゆく、というような汎論理主義的解釈が行なわれがちである。この解釈によれば、概念という何か神秘的なものが存すると考え、その自己展開によっていっさいの世界の現象を説明しようとするのがヘーゲル哲学であるということになる。私はヘーゲルのうちにはたしかにこういう解釈を成り立たせるような要素があることを否定するものではない。しかし、もしもこれがヘーゲル哲学の本質であるとするならば、ヘーゲル哲学はおよそ無意味なおとぎ話なのではないであろうか。そしてこのようなおとぎ話的哲学は現代もはやなんの意義をも持っていないのではないであろうか。ヘーゲル哲学をこのように解釈して、しかもそこに「深遠な思想」を見出そうとしている人々もないではないようであるが、私にはまったくおかしなことのように思われる。

もしもヘーゲルについてこのような解釈を下すことが正しいとするならば、われわれは、さきに見たヘーゲル哲学に対する反対者たちのように、いさぎよくヘーゲル哲学はノンセンスの連続であると言うべきであろう。ヘーゲルの反対者たちはおそらくヘーゲル哲学をこのように解釈しているのであり、このような解釈をする以上は、ヘーゲル哲学をノンセンスときめつけるのは当然のことであったと言わねばならない。

しかし、私はヘーゲル哲学についてのこの種の神秘的解釈は、たんにヘーゲルの難解な叙述に欺かれた結果生じてきたものなのではないかと考える。たとえヘーゲルのうちにこのような解釈を生ぜしめるべき混乱が存しているとしても、少なくともヘーゲルの意図は決してこうしたおとぎ話的神秘主義にあったのではないと思うのである。私は以下において、まずヘーゲルの「生涯と著作活動」の節において主としてヘーゲルがその哲学的立場を確立するにいたるまでの若き日のヘーゲルの意図がどこにあったかを考察し、ついでそれにつづく諸節においてヘーゲル哲学の本質と私の信ずるところを述べたいと思う。

2　生涯と著作活動

ゲオルク・ヴィルヘルム・フリードリッヒ・ヘーゲル（Georg Wilhelm Friedrich Hegel）は、一七七〇年八月二十七日シュトットガルトに生まれた。父のゲオルク・ルートヴィッヒはシュトットガルトを首都とするヴュルテンベルク公国の財務官であり、その家庭は質朴で真面目なプロテスタント的気風に満ちていた。母のマリア・マグダレーナはヘーゲルが十三歳のとき死んだが、その母の愛情は一生のあいだヘーゲルの心に懐かしい想い出としてとどまっていた。このような家庭のなかで、ヘーゲルは静かに順調に成長していった。

シュトットガルトのギムナジウムにおいてヘーゲルは常に模範生であった。彼はここでとくにギリシア悲劇に興味を持ち、ソポクレスの『アンチゴネ』のごときはみずから翻訳を試みたという。このようなギリシア精神に対する関心はヘーゲルにおいて一生のあいだ持続するのであり、またこのことが彼の思想形成に対してもある程度まで本質的な影響を与えるのである。ただこの時代のギリシア精神の理解は当時の啓蒙主義的立場からなされており、ヘーゲルの思想の出発点が合理的な啓蒙思想にあったことを示している。

宗教・政治・歴史

ヘーゲルは一七八八年チュービンゲン大学に入学し、ここで一七九三年までの五年間を過ごした。彼は父の希望によって僧職者たるべくこの大学の神学科に入学し、キリスト教の歴史の研究に取り組むようになる。この大学にはとくにヘーゲルに大きな影響を与えた教授はいなかったようであるが、ここでヘーゲルと同年のヘルダーリン、および二年後に入学してきた五歳年下のシェリングとの交友関係がはじまったことは注意すべきであろう。ヘルダーリンとの交友によってヘーゲルはギリシア崇拝の念をいっそう強められたであろうし、また若くして哲学的才能を示した哲学的早熟のシェリングからは哲学的な誘発を受けたと考えられる。

ヘーゲル自身はヘルダーリンやシェリングと異なって決してはなばなしい天才的人物ではなく、むしろ重厚な、こつこつと自分の研究に打ち込むタイプであったようである。彼が仲間の間で「老人」というあだ名をつけられていたということがこのことを示しているであろう。ヘーゲルは不器用で、身なりなどにはかまわず、流行おくれの服装をしていたと言われている。しかし決して友人たちから孤立して生活していたというのではなく、むしろ快活な社交家であり、人々から愛され、また美しい少女との恋愛も経験したということである。

この時代のヘーゲルの研究の中心は、さきに述べたように、キリスト教の歴史であったが、このヘーゲルの研究はこの時代のみならず、さらにつぎのベルン時代、フランクフルト時代まで、要するに若き日のヘーゲルの研究の中心課題となるのである。しかしこのことから、この当時のヘーゲルの関心がもっぱら宗教的問題に注がれていたと言えるかどうかは非常にむずかしい問題である。このような解釈を取るヘーゲル研究者もかなり多いし、キリスト教の歴史についてのヘーゲルの手稿をまとめて編纂刊行したノールは、その書物を『ヘーゲル青年時代の神学的諸論稿』と題している。しかし、われわれは少なくともヘーゲルの関心が決してたんに宗教そのものに注がれていたのではないこと、ましてや、キリスト教の歴史そのものに注がれていたのでないことに注意すべきであると考える。

ヘーゲルはたしかに宗教の問題をその研究の中心においた。しかしヘーゲルの視点はむしろ宗教の問題を越えて、政治と歴史の問題に注がれていたのではないであろうか。ヘーゲルにおいて宗教は政治から離れたものではなかったのである。ルカッチはその『若きヘーゲル』という書物のなかで、マルクス主義の立場から、ヘーゲルの初期の研究を宗教的・神学的と解するのは「反動的伝説」であると述べているが、この点に関するかぎり、このルカッチの指摘は正しいのではないかと考えられる。

われわれは何よりもまずヘーゲルがこの時代に、フランス革命に対して非常に熱狂したという事実を考えなければならない。ヘーゲルはシェリングやヘルダーリンらとともにチュービンゲンで「自由の樹」を植え、その下を革命歌を高唱しながら踊りまわったと言われている。さらにまたヘーゲルはみずから中心となって、禁止されている革命関係の書物を読む秘密クラブを作ったとも伝えられている。もとよりこのようなフランス革命に対する熱狂は、当時のドイツの知識層の一般的な傾向であって、とくにヘーゲルのみが強い政治的関心を抱いていたということを証するものではないかもしれない。しかしそれにしても、ヘーゲルがこのような態度を取ったということは、決してたんなる若き日のエピソードとして看過されるべきではないであろう。

当時ドイツにおいては言うまでもなく一般に絶対君主政治が行なわれていた。もとよりこうした専制政治に対して国民の権利と自由を主張して君主の専制に制限を与えようとする気運は起こっていたが、しかしこの気運は強大な君主権によっておさえられていたのである。ヘーゲルの生まれたヴュルテンベルク公国においてもまた事情は同じであった。君主と、国民の側を代表する民会とのあいだは対立していたのである。このような状況において、ドイツの知識層は一般に共和制を待望し国民の権利の伸張を願ったのであり、ヘーゲルもまたその例にもれなかったのである。フランス革命にヘーゲルが熱狂したのもこのためであったと考えられる。

ヘーゲルのキリスト教の歴史の研究の裏には、このような政治的関心が横たわっていたのではないであろうか。このことはヘーゲルがそのキリスト教の歴史の研究においてキリスト教を必ずしも高く評価していないということによっても示されていると思われる。むしろヘーゲルにとって理想的な宗教はギリシア宗教なのであった。チュービンゲン時代に彼は「民族宗教とキリスト教」という論文を書いているが、ここでも彼は真の民族宗教というものは少数の人々の支配欲に役立つようなものであってはならず、広く民衆の心に働きかける力を持たねばならないが、この点から見るとき、ギリシアの宗教こそ最も理想的なものであり、これに対してキリスト教は私人の宗教ではあるかもしれないが、決して民族の宗教ではないと述べているのである。ここにヘーゲルの歴史観、そしてまた政治観があらわれていると言えるであろう。

すなわち、ヘーゲルによれば、ギリシアにおいては国民は決して専制政治によってその自由を抑圧されず、自由を享受していたが、それは国民全部がすなおにそれに従うことのできる民族宗教を持っていたからであった。国民全部が生活に密着した共通の宗教的信仰を持つとき、国民のあいだに一部の人が他の人々の自由を抑圧するというような現象は生じえないのである。ところが、キリスト教はもはや民族宗教ではなく、したがってキリスト教の支配によって国民がすべて自由を享受するという理想の状態は失われてしまった。そしてこれこそ現在の世界の陥っている状態なのである。それゆえ、われわれがこの現在の世界の状態を脱し、自由を実現しようとするならば、何らかの形で民族宗教を再興する必要がある――というのである。

もしこのように解することができるとするならば、ヘーゲルがキリスト教の歴史の研究に没頭しながら、なぜフランス革命にあれほどの熱狂を示したかということも理解されるのではないであろうか。

もとよりこういうヘーゲルの考え方のうちにはいろいろの誤りがあるとも言えるであろう。それはギリシア世界をあまりにも理想的に考えすぎているかもしれない。あるいはまた宗教というものにあまりに大きな役割を認めすぎているかもしれない。しかし、とにかくこれがチュービンゲ時代のヘーゲルの考え方なのではなかったかと考えられる。

理性宗教の批判

チュービンゲン大学の課程を終えたヘーゲルは僧職への道を取らず、学問の道を志し、スイスのベルンの貴族シュタイガー家の家庭教師となった。ヘーゲルはここに一七九三年から九六年までの約三年間とどまるのである。

この三年間のヘーゲルの研究は、だいたいにおいてチュービンゲン時代の研究の継続であった。ただわれわれはこの時代においてヘーゲルがカントおよびフィヒテの哲学を深く研究してその影響を強く受けるとともに、やがてその限界を自覚していっていることに注意すべきであろう。

カント哲学、とくにその『実践理性批判』についてはヘーゲルはすでにチュービンゲン時代に熱心に研究したのであるが、一七九三年にはカントの宗教論の書物『単なる理性の限界内の宗教』が刊行され、これを機縁としてヘーゲルはカント哲学の研究をふたたび取りあげる。そしてまたシェリングとの文通を通じてフィヒテの哲学にも触れ、カント－フィヒテ的考え方に強く同感する。カントおよびフィヒテの考えは宗教というものから奇跡など非合理的なものを否定し、理性的な宗教を考えようとするものであり、この点において啓蒙主義的な合理主義に通ずるものであるが、このカント－フィヒテ的考え方に同感したヘーゲルはなおこの段階では、その最初の出発点である啓蒙思想を脱していないと言うべきであろう。

この時代にヘーゲルが書いた論文にはともに未発表に終わった「イエスの生涯」に関するものと「キリスト教の実定性」に関するものとがある。

前者においては、ヘーゲルはイエスの教えをカント的な道徳的信仰を基礎として解釈している。外的な権威に従い、ユダヤ民族の風俗習慣に基づいて歴史的に出来上がってきた種々の法規・儀式のおきてである律法というものを重んずるユダヤ教に反対して、イエスは理性的な道徳律を重んじ、どこまでも内心の理性に従って生きるべきことを教えたと解されるのである。それゆえ、イエスの伝記のなかから、奇跡、予言など非合理的なものは退けられているのである。

後者の「キリスト教の実定性」と称されているものは断片であるが、そのうち前の「イエスの生涯」にすぐ引き続いて書かれたと思われるもののなかでは、ヘーゲルは右に述べたような理性宗教であるイエスの宗教から、どうしてキリスト教という実定宗教が生じてきたかということを問題にしている。

宗教の実定性というのは要するに、内心の自由に発する信仰ではなく、外的な権威によって与えられ、きめられたことを、信仰するということであり、つまり律法的なものを信ずるということである。このような問題を提出しているというところに、ヘーゲルの考えがチュービンゲン時代と本質的に異なっていないことが理解されるであろう。すなわち、ヘーゲルはイエス自身の教えそのものは理性宗教であるとしてその意義を認めているが、キリスト教は実定宗教であって、このようなキリスト教が勢力を持つようになることによって、人間はその自由を失い、専制政治の時代になってしまったと考えているのである。

それではキリスト教がこのように実定宗教となったのはなぜであろうか。ヘーゲルはこの点についてつぎのように考えている。第一にその原因はイエス自身のうちにも見出される。イエスはたしかにみずからは理性的信仰を持ったのであるが、イエスはユダヤ人であり、そのためユダヤ教の伝統の上に自己の信仰の原理を基礎づけねばならなかった。したがって、自己を父なる神の意志の体現者であるとせねばならなかった。第二に、ここからイエスの弟子たちもイエスの教えそのものよりも、神の子としてのイエスの人格を重んずるようになる。ギリシアの自由な世界にあって、ソクラテスの弟子たちがまずソクラテスの説いた真理を愛し、そこからソクラテスを愛したのと異なり、イエスの弟子たちはまずイエスその人を愛する。ここには大きな相違が存するのであり、ひいてはイエスの奇跡についての信仰などが生じてきてしまうのである。このようにして、理性的信仰から生じた教義にではなく、歴史的に生じた教義に基づいて、一定の組織を持った教団が発生し、この教団が拡大してゆくにしたがって、キリスト教の実定性はいよいよ増大し、しだいに世俗的な権力と手を握るようになるのである。

この断片につづく他の断片では、ヘーゲルはなぜ国民の自由な信仰に基づいていたギリシアの民族宗教が実定宗教であるキリスト教に取って代わられたかという問題を考察している。ギリシア宗教を民族宗教の理想と考えるヘーゲルの見方はここでも依然として存続しているのである。そしてこの問題に対してヘーゲルはつぎのような解答を与える。

古代の世界にあっては、宗教は自由な国民の宗教であった。彼らは法則に服従したが、その法則は彼ら自身の与えたものであり、決して外的権威によって与えられたものではなかった。それゆえ、そこにはすべての国民が一致して喜んで奉仕することのできる国家という理念が存していたのである。ところがこのような古代世界において戦勝がたびかさなり、富が増大するにしたがって、貴族階級が生ずるようになり、この貴族階級によって国政が左右されるようになると、国民の心からしだいに国家という理念は失われてゆき、ただ自己の生命財産の保全ということのみを考えるようになる。そしてここに実定宗教たるキリスト教が受け入れられるようになったというのである。なぜなら、キリスト教は、このキリスト教を受け入れた帝政時代のローマと同様の腐敗状態にあったユダヤ民族から生まれ出たものであったからである。キリスト教は理想の実現のために努力せず、ただメシア（救世主）を待望する怠惰な宗教であり、人間は元来悪であると考える人間侮蔑の思想から生じているのである。

このようなキリスト教史の研究によってヘーゲルが意図したものが、国民が自由を失ってしまった現代をいかにして改革してゆくかという実践的・政治的なものであったことはおそらく否定することができないであろう。ヘーゲルはイエスの教えはもともと理性宗教であったにもかかわらず、それがユダヤ民族の宗教であったためについに実定宗教たらざるをえなくなったのであり、このような実定宗教たるキリスト教が支配することによって、国民の自由は失われてしまい、その状態が現代まで続いていると考える。そしてわれわれが国民の自由を回復しようとするならば、ギリシア宗教を模範とした理性宗教を新しい民族宗教たらしめねばならないというのである。

ヘーゲルはシェリングにあてた手紙（一七九四年十二月二十四日付）のなかでロベスピエールの恐怖

政治を非難しているけれども、このことは決してヘーゲルがフランス革命の理念そのものの意義を否定したことを意味するのではない。ヘーゲルにとってフランス革命は自由の失われた現代に自由をもたらそうとする世界史的な出来事なのであり、新しい時代の到来を告げるものであったのである。そしてこの新しい時代の到来のためにこそ、新しい民族宗教が必要であると考えたのである。

しかしながら、理性宗教を民族宗教たらしめるということはどうすれば可能なのであろうか。むしろ理性宗教は民族宗教たりえない性格を持つとさえ言えるのではないであろうか。ヘーゲルはギリシアの宗教を民族宗教の典型と考えているが、しかしギリシアの宗教は理性宗教とは言いがたいであろう。それは決して理性によって考えられた宗教ではなく、むしろ国民の心情と想像力とに直接訴えかける宗教であったと言わねばならない。このような宗教にしてはじめて国民すべての宗教たりうるのではないであろうか。そして、このような民族宗教の特質はヘーゲル自身もチュービンゲン時代以来十分に認めているところなのである。そうであるとすれば、民族宗教というものを重んじながら、しかも理性宗教というものを考えるということ自身が一つの矛盾であるとさえ考えることができるであろう。ヘーゲルはこのことをしだいに自覚したのではないかと思われる。こうしてヘーゲルはカント的理性宗教の立場の限界に気づき、つぎのフランクフルト時代にいたってカント的立場を越えて独自の立場を見出してゆくのである。

国家の意義

ベルンにおけるヘーゲルの生活はみじめなものであったようである。シェリングとヘルダーリンはどこか他の職を斡旋しようと骨を折ったが、当時、自分もフランクフルトで家庭教師をしていたヘルダーリンはヘーゲルのために同地の商人ゴーゲル家の家庭教師の地位を世話することができた。ヘーゲルは非常に喜び、一七九六年の秋一度シュトットガルトに帰った後、翌年の一月フランクフルトにおもむき、ここに一八〇〇年までの四年間をすごすのである。

当時、ヘーゲルより年少のシェリングはすでに哲学上の論文を発表して、はなばなしく活躍しはじめていた。そしてはじめフィヒテの哲学に同感し、フィヒテ哲学の祖述者と見られていたシェリングは、しだいにカント-フィヒテ的立場を越えてゆこうとしていた。すでに述べたようにカントの哲学は、理性に基づく普遍的な道徳律を考え、この道徳律を実現することが人間の義務であり使命であると考えるものであった。神の存在は決して理論的に証明されるものではなく、ただ「実践理性の要請」として、すなわち、われわれが道徳律の実現をめざして実践してゆくための理性的な要求として、考えられるにすぎないのである。

フィヒテの哲学はカント哲学から出発しながらもっと形而上学的方向へ進み、人間のうちに存する理性的本質を考えてこれを「絶対的自我」と呼んでいる。そしてこの絶対的自我がほとんど神と同一視されているのであるが、われわれはこの絶対的自我の実現をめざして行為すべきであるとして、人間の理性的な実践を重んずるという点では本質的にカントと同じ立場に立っている。

それに対して、シェリングは、もはや絶対者ないし神というものを、人間がそれに到達すべき目標と考えるのではなく、むしろ神は人間的な精神のうちにも、また人間をとりまく自然のうちにも、すなわち主観のうちにも客観のうちにも、その根底に存しているものであると考えるのである。言いかえれば、神はあらゆる有限的なものの根底に常に変化せずに、自己同一的に存しているものなのである。このようなシェリングの考えがいっさいのものを神のあらわれと見る汎神論的色彩を持つことは言うまでもないであろう。

ヘーゲルはこのころ、この年若き友シェリングの思想の影響を受け、しだいに汎神論的思想を持つにいたったようである。そしてこのような汎神論的傾向は、シェリングのみならず当時のロマン主義の風潮一般の特色でもあったのである。しかし、このヘーゲルの思想の変化がたんにシェリングなどからの外部的影響によるものかどうかは断定することができない。すでに述べたように、ヘーゲルはベルン時代に理性宗教を重んじながら、しかもギリシア的宗教を模範とする民族宗教の理想を抱くという点で困難な問題に直面していたのであるが、この問題を解決しようとする努力がヘーゲルの思索をこのような新たな方向に導いていったのではないかとも考えられる。

ヘーゲルはこのフランクフルト時代にも主として宗教史の研究を続けているのであるが、さきに述べたような思想の変化によって、キリスト教に対する見方は大きく変わっている。この時代のヘーゲルの論稿はノールによって「キリスト教の精神とその運命」として集録されている諸断片であるが、このなかでヘーゲルはカント的立場を退け、イエスの宗教を愛の宗教として解釈しているのである。

ヘーゲルによると、自然との対立、人間相互の憎悪という精神から生じたユダヤ教に対して、イエスが説いた新しい宗教は、決してカント的な理性宗教ではない。なぜなら、カントのような立場では、なお道徳律というものが人間に対する主人として存在し、人間はたとえ自己のうちにおいてではあっても主人たる法則を持ち、これに服従しなければならない。そうであるとすれば、それはやはりユダヤ教が神に服従しなければならないと考えたのと、同様の性格を持つと言わねばならないであろう。イエスの教えは決してこういうものではなかった。それは愛の宗教であった。神は愛であり、愛は神である。そして愛とはすべてのものとの融和の精神である。そこにはもはやいっさいの対立はない。法則という普遍者との対立もない。それは生命全体のうちに自己を感ずることであり、全体的生命との合一である。いわゆる運命とは自己の生に対する敵対者としてあらわれてくるものであるが、しかし自己の生が全体的生命から離れて存しえないことを知るとき、われわれは運命と融和することができる。これが「愛による運命との融和」の思想である。

イエスの教えに対するこのような新しい解釈のうちに、ヘーゲルの汎神論的傾向がはっきりあらわれていることは言うまでもないであろう。ヘーゲルはこの「愛による運命との融和」の思想によって、来たるべき将来に実現さるべき新しい宗教を考えようとしたとも考えられる。

しかし、この時代におけるヘーゲルの思想はさらに展開してゆく。イエスは愛の宗教によって運命と融和しようとした。しかし実際これによってほんとうに運命との融和は可能であろうか。愛による運命との融和はなるほど主観的な心情においては可能であるかもしれないが、はたして客観的に、現実的に可能であろうか。ヘーゲルはさらにこの問題を考察する。

ヘーゲルの言うところによれば、愛によって運命と融和しようとしたイエスも真に現実との対立を止揚することができなかった。イエスの説く神の国は現実に存する国家との対立を免れることができなかったのである。神の国の住人は敵対的な国家から締め出されてしまう。そしてイエスは、彼があくまでも純粋に愛によって実現されるべき神の国に忠実にとどまろうとするかぎり、この国家という外的な力の支配を脱することができず、ついにその結果その生命をも捨てることになるのである。ヘーゲルによると、このイエスの運命はまた本質的にはキリスト教の教団の運命でもあった。教団はイエスの愛の教えを具体的な形にあらわそうとし、ここにイエスについての種々の伝説が生ずるようになったのである。こうしてキリスト教の教義によって統一した教団が維持される。しかしそれにしても教団もやはり現実との対立は避けることができなかった。教会と国家という対立を解消し、この両者を統一してゆくことができないということが、まさにキリスト教会の運命であったのである。

このような考えはヘーゲルがいまや「愛による運命との融和」という思想を乗り越えていることを示しているであろう（この点の解釈については金子武蔵氏の『ヘーゲルの国家観』から示唆を得た）。愛によってわれわれはなるほど主観的な心情としては運命と融和することができる。しかし現実にはこのような愛のみによっては融和しえないきびしい運命が存する。そしてその運命とは国家にほかならないのである。こうしてヘーゲルは国家というものの意義を強調するようになってくる。いままではヘーゲルにおいて、宗教は国家以上に重要なものと考えられていたと言えるであろう。もとよりヘーゲルの意図は、すでに述べてきたとおり、はじめから、いかにすればドイツの社会において国民の自由を実現することができるか、という実践的・政治的なものであった。しかしこの問題に対してヘーゲルはまず民族宗教をつくり出すことが必要であるという解答を与えてきたのである。ところが、キリスト教史の研究を通じてヘーゲルがいまや到達した結論は、むしろ国家というものこそ宗教よりももっと基礎的なものではないかということであった。

理性的な宗教も愛の宗教もともに真に現実との対立を免れるものではなく、民族宗教たりえぬとするならば、民族宗教が生じうるためには、まず国家が、われわれがそれに対して生命をも捧げうるような国家が成立していなければならない。このような国家を成立せしめることがドイツ国民の自由にとってまず必要なことなのである。

もとよりここでヘーゲルが宗教というものの意義を否定しているのでないことは言うまでもない。民族宗教という考え方は依然として強く残っているのである。しかしとにかく民族宗教が成立するためにはその基礎となるべき国家が成立することが必要であるという考えに到達することによって、ヘーゲルは歴史のうちにおいて果たす国家の役割を重要視するようになったのであろう。このことはヘーゲルがこの時代に書いて未刊のままに残された「ドイツ憲法論」のなかで、「ドイツはもはや国家ではない」ということを強調し、ドイツを国家とするためには何よりも国防力を整備することが必要である、と述べているところから見ても明らかであると思われる。

このように国家というものを重視する考え方は、これ以後のヘーゲルの思想の一つの特徴となるものであり、『法の哲学』のなかでも述べられているが、しかしわれわれはここから、ヘーゲルがまったくたんなる国家主義者になったと考えるべきではないであろう。なぜなら、ヘーゲルが国家を重んじたのは、それが国民の自由を実現するための基礎であるからにほかならないからである。フランス革命に対して期待した国民の自由というヘーゲルの理想は決して消失しているのではないのである。ただヘーゲルはこの自由が実現するのは国家が成立するときであり、国家を離れて自由は存しないと考えたのである。

歴史における国家の役割を重視するようになったこうしたヘーゲルの思想の変化は、要するにヘーゲルが現実ないし歴史というものの重みを認めるようになったことを意味すると考えられるであろう。ベルン時代のヘーゲルは理性宗教を実現しようとした。ここではヘーゲルは合理的な啓蒙主義者であり、非歴史的な立場に立っていたと言えよう。現実の歴史的状況を顧慮することなく、ただ頭のなかで考えられた理想を実現しうるとしていたのである。

「愛による運命との融和」という立場では、ヘーゲルはもとよりもはや啓蒙主義的合理主義者ではない。それは、すでに述べたように、汎神論的立場であった。しかし非歴史的立場は依然としてなお捨てられていないと言えよう。われわれは歴史的状況に関係なく愛の宗教を実現しようとしうるからである。しかしこのような立場もなお現実との対立を免れず、国家というものの役割を無視することが許されないとするならば、諸国家の興亡によって展開される現実の歴史の動向を顧慮することなしには、理想の実現は不可能だということになるであろう。国家というものは深く歴史的伝統の根を持ち、その上に成立してくるものであるからである。

こうしてヘーゲルは歴史を無視してたんに理想の実現をはかろうとする啓蒙主義的立場を脱して、現実の歴史を見つめ、この歴史の動向を重視する歴史主義の立場に立つことになる。歴史には人間の力でどうすることもできない大きな法則が存する。それゆえ、われわれがたんに理想の実現に狂奔しても、それは無意味である。そこにはたんなる破壊が存するのみであろう。国民の自由という理想はまさにそれの基礎たるにふさわしい国家が成立するべき歴史的時期においてのみ実現されうるのである。そしてヘーゲルは現在こそドイツにおいてそのような国家が形成せらるべき時期であり、国民の自由も実現されるべき時期であると考えたのである。

こういう歴史主義的考え方は、ヘーゲルにおいて、歴史の目的論的解釈となってゆく。歴史のうちには人間の手でどうすることもできない歴史の法則が存するのであるが、それではこの歴史の法則とはどういうものであろうか。ヘーゲルはこれを絶対者あるいは神というものがその本質をしだいに実現してゆく過程であると考えたのである。すなわち歴史というものは絶対者によって支配されているというのである。ここにはヘーゲルがフランクフルト時代のはじめから持っていた汎神論的思想がさらに徹底されているとも見ることができるであろう。歴史全体がいわば絶対者・神のあらわれであり、歴史は神の摂理によって支配されているのである。

もとより歴史のうちには人間の手でどうしようもない法則があり、それによって歴史の過程は決定されていると考える歴史主義的考え方は必ずしもこのように神の摂理という目的論的歴史観と結びつく必要は存しないであろう。しかしヘーゲルの場合には、その汎神論的思想によって、この二つが結びつけられたのである。とにかく歴史のうちに絶対者の自己実現の展開を見ようとする考え方はヘーゲル哲学の根本思想であるが、この思想はこうしてフランクフルト時代においてようやく確立されたのであり、ヘーゲルはここにその独自の思想的地盤を見出したと言うことができるのである。

なおわれわれはこの点に関連して一、二の注意を附け加えておこう。

一つはギリシア宗教とキリスト教に対するヘーゲルの評価の変化についてである。これまでヘーゲルにおいてはギリシア宗教が民族宗教の理想であり、キリスト教は実定宗教であり国民が自由を失った時代の宗教と考えられていた。しかし、さきに述べたような目的論的な歴史観を取るならば、当然両者に対する見解も変化してこなければならないであろう。なぜなら歴史が神の摂理によって支配されているとするならば、歴史の展開はまさに起こるべくして起こったのであるから、ギリシア宗教がキリスト教にその座を譲ったのも、十分理由があるはずだからである。そうすれば、われわれはもはやたんに古代のギリシア宗教を理想と考えるわけにはゆかないであろう。神の摂理によってキリスト教がギリシア宗教に取って代わった以上、キリスト教は十分その意義を持っていなければならない。それはギリシア宗教以上のものを持っていなければならない。

こうしてヘーゲルのギリシア宗教とキリスト教に対する見方は変化してくる。ギリシア宗教は一見理想的な民族宗教のように見えながら、なお真に国民の自由の自覚のない時代の宗教として、そしてキリスト教は実定的性格を持ちながらも、少なくとも思想的にすべての人間が自由であることを自覚した宗教として見直されてくるのである。

第二に注意すべきは、国家というものの役割が強調されるようになったため、ヘーゲルがしだいに共和制よりも君主制を優れたものと見るようになるということである。このヘーゲルの考えの変化はフランクフルト時代にすぐあらわれているのではないが、とにかくこの点についての彼の思想の変化も、この時代に確立した上記の根本思想から結果したものと言えるであろう。

『精神現象学』

一七九九年一月にヘーゲルは父を失った。多少の遺産を手にし、またようやく自己の思想的地盤を自覚しはじめたヘーゲルは、一八〇一年、フランクフルトから当時のドイツの哲学の中心地、そして彼の若き友シェリングのいるイエナに移り、イエナ大学の私講師としてその講壇生活をはじめることになった。哲学者としてのヘーゲルの活躍はここからはじまるのである。

当時シェリングはすでにイエナ大学の教授であり、哲学界において目ざましい活躍をしていたが、ヘーゲルはシェリングの立場に同調し、一八〇一年、「フィヒテとシェリングの哲学体系の相違」という論文を発表して、シェリングの立場を擁護し、さらにシェリングと共同で『哲学批判雑誌』を刊行（一八〇二年）、このなかにぞくぞくと論文を発表して学問的活動を開始した。その間、一八〇五年には員外教授に昇進、ドイツ哲学界におけるヘーゲルの地位もしだいに固まっていったのである。

このようにヘーゲルははじめシェリングの哲学に同調していたのであるが、しかしシェリングとヘーゲルの哲学的立場のあいだには、はじめから大きな相違が存していたと言わねばならない。シェリングのいわゆる同一哲学の立場は、すでに見たとおり、汎神論的色彩を持つものであった。カントやフィヒテの哲学がどこまでも理性的な理想を考え、その理想を実現すべきであると考えたのに対して、シェリングによれば絶対者というものは実現されるべきものではなく、すでにあらゆる現象の根底に無変化的に存するものであったのである。この汎神論的傾向において、たしかにヘーゲルはシェリングと一致すると言えよう。その点でヘーゲルがフィヒテの立場に反対して、シェリングの立場を擁護したことは当然であった。しかしフランクフルト時代の終わりにヘーゲルが到達した立場は、絶対者というものを歴史の過程のうちにおいて、しだいに自己を展開してゆくものと見る立場であった。ヘーゲルの絶対者は決してシェリングの場合のようにいっさいの現象の根底に無変化的・自己同一的に存しているようなものではない。それは動的にみずから展開してゆくものである。現象の変化を通じて歴史的に自己を実現してゆくものが絶対者なのである。

そうであるとするならば、ヘーゲルはシェリングと決して完全に同調することのできないのは当然のことであろう。おそらくヘーゲルはイエナ時代のはじめにおいては、みずからこのことを自覚しなかったのであろう。フランクフルト時代に生じた自己の思想を、ヘーゲルはまだ哲学的にはっきりつかんでいなかったのにちがいない。そのためヘーゲルはシェリングの立場との同一性のみを意識したのであろう。しかし、ヘーゲルはしだいにシェリングの立場との相違を自覚してこなければならなかった。そしてこの二人のあいだの相違がはっきり示されたのが一八〇七年に刊行されたヘーゲルの最初の主著『精神現象学』においてであった。

ヘーゲルはこの書のうちで、そしてとくに本書に収録されているこの書の「序論」のうちで、シェリングの哲学を痛烈に非難したのである。ヘーゲルはこの書を当時すでにイエナを去ってミュンヘンにいたシェリングに送ったが、シェリングはこれに対して約半年後に、ヘーゲルの批判に対する不満の意を示した手紙を返した。そしてこれが二人のあいだの手紙の交換の、同時にまた友情の最後であった。『精神現象学』はこうしてヘーゲル独自の思想をはっきりと打ち出した重要な書物であるが、ヘーゲルはこの書を有名なイエナ会戦の前夜にようやく脱稿したと言われている。

ヘーゲルは以前からこの書の出版を企画し、バンベルクの書店と出版契約を結んでいた。その契約の内容は原稿の半分ができあがったとき、稿料の半額を支払うということであった。印刷は一八〇六年二月からはじまったが、ヘーゲルの原稿はまだ完成しておらず、彼は新しく原稿を書き継いでは、それをとぎれとぎれに書店に渡していった。このようにして九月になったとき、ヘーゲルはそれまでに渡した原稿が全体の半分になったと考えて書店に稿料の支払いを請求したが、書店のほうでは、あまりにも原稿の完成がおそいのにたえかねたのであろうか、いままでの原稿で全体の半分になったとは認められないという理由で稿料の支払いを拒絶し、さらに原稿全部を受け取るまでは稿料を支払わない、と言い出したのである。

当時ヘーゲルの収入は少なく、彼は生活に窮していた。そこでたまたまバンベルクに住んでいたヘーゲルの友人ニートハンマーは九月二十九日、書店とのあいだに、もしもヘーゲルが残余のすべての原稿を十月十八日までに送ってこない場合には、すでに印刷した分について書店がヘーゲルに支払った額の三分の二でそれを買い取るという契約をしたのである。このニートハンマーの契約によってようやくヘーゲルは書店から稿料を受け取ることができたが、こうなっては、ニートハンマーの好意に対してもどうしても原稿は十月十八日までに書店に渡さねばならない。ヘーゲルは目前に迫っている締切日にまにあわせるため、原稿の完成に全力を注いだのである。

しかし、ドイツには時あたかも戦雲が立ちこめていた。約十年間フランスと和約を結んでいたプロシアはその和平政策を放棄し、当時バンベルクに駐留していたナポレオンに対してついに十月七日、最後通牒を渡したのである。ヘーゲルは十月八日と十日の二回に渡って残りの大部分の原稿を送ったが、なお最後の部分が残っていた。ナポレオンは電光石火、十三日にはイエナの町を占領し、翌十四日にはその郊外でプロシア軍を撃破したのであるが、ヘーゲルは十三日の夜半、町の広場に燃えているフランス軍のかがり火をその部屋の窓から見おろしながら、その最後の原稿を完成したのである。この最後の原稿は戦争の混乱のためすぐ発送することができず、ヘーゲルはこの原稿を身につけながら避難していたが、ようやく二十日になってこれを送ることができ、書物は無事刊行されたのであった。

このとき、ヘーゲルがナポレオンのイエナ入城を目のあたりに見ながら、「私は、皇帝、この世界精神が町を通って陣地偵察のために馬を進めるのを見た。この一地点にあって馬上に座しながら、しかも全世界をおおい、支配する人を見るということは、まったくなんとも言えない感じがする」とその手紙（十月十三日、ニートハンマー宛）に書いたことはきわめて有名である。われわれはヘーゲルがこのように敵国の皇帝ナポレオンに対して、しかもプロシア軍が敗走したイエナに入城したナポレオンに対して、讃嘆のことばを述べていることを不可解に思うかもしれない。しかし、むしろここにヘーゲルがたんなる国家主義者でなかったことが示されているのではないであろうか。ヘーゲルは国民の自由の実現されるべき国家の成立を待望したのである。そして、そのゆえにナポレオンに期待を抱き、ナポレオンの手によってドイツにもそういう国家が実現されるのではないかと考えたのであろう。

『精神現象学』はさきに述べたような事情のもとに書かれたものであるため、決してよく推敲された書物ではなく、きわめて重要な書物であるにもかかわらず、多くの混乱をも含んでいる。たとえば『精神現象学』は「学問の体系第一部」とされているのであるが、これにつづくべき第二部、第三部が何であるかは、ついに明らかでないのである。そして後に完成するヘーゲルの哲学体系のなかでは「精神現象学」という名称は、その体系の第三部「精神哲学」の一部に対して用いられているのである。

この点から考えると、『精神現象学』執筆当時、ヘーゲルはようやく自己の独自の思想的地盤を自覚したが、しかしなお真に自己の体系を作りあげていなかったと言えるであろう。そして彼の体系ができあがるにしたがって、その体系のなかで「精神現象学」の占めるべき位置についての考え方も変わっていったのであろう。しかしこのことは決して『精神現象学』という書物が独立の意義を持っていないということではない。むしろ『精神現象学』は体系建設以前のヘーゲルのいわば荒削りな思想を具体的に展開しているものであり、後のヘーゲルの著書には見られないような独特の魅力をそなえているのである。『精神現象学』は「意識の経験の学」ともヘーゲルによって言われているとおり、われわれの意識が経験によってしだいに真理を把握してゆく過程を叙述したものである。感覚によってとらえられるような事物を真の実在であると考える最低段階から出発して、意識はしだいに真理についての認識を深め、ついに絶対者の認識、すなわち絶対知の段階にいたるのである。ヘーゲルはこのような意識の展開の過程を叙述することによって、絶対者についての自分の考えの正しさを証明しようとしたのであろう。

『大論理学』

前に述べたようにヘーゲルは、ニートハンマーの好意によって『精神現象学』の稿料を得ることができ、一時の生活の急をしのいだが、やがてプロシア軍の敗戦の結果イエナ大学が閉鎖されることになって、さらにははなはだしい困窮に陥った。そこでヘーゲルは、バンベルクにいたニートハンマーの世話によって『バンベルク新聞』の編集を引き受け、この仕事に一八〇七年三月から一年半余のあいだ従事したが、やがて一八〇八年の末、またしても当時ニュルンベルクに移っていたニートハンマーの助力で同地のギムナジウムの校長として赴任した。ヘーゲルはギムナジウムの課程に哲学を取り入れ、みずからその教授に当たった。

ニュルンベルクにおける八年間は、ヘーゲルの哲学思索にとってきわめて有意義な時期であったと言えよう。彼の第二の主著『論理学』（ふつう「大論理学」と言われるもの）は一八一二年から一六年のあいだに二巻三冊として出版された。このヘーゲルの論理学は、後に見るように、ふつうの論理学とはまったく異なったヘーゲル独自の構想によって成り立っているもので、ヘーゲルの哲学体系の第一部をなすものである。

『論理学』の完成につづいて、彼はさらにその哲学の全体系の完成に努力してゆく。つぎのハイデルベルク時代に出版された『哲学的諸学問のエンチクロペディー』（以下『エンチクロペディー』と略称する）の構想もこの時代にしだいに熟していったものと考えられる。

このように哲学者として完成しつつあったヘーゲルは、この時代にまた家庭的な幸福をも得ることができた。ヘーゲルはニュルンベルクに来たときすでに三十八歳であったが、ニュルンベルクの市会議員トゥーヘルの長女マリーと婚約、一八一一年結婚したのである。マリーは一七九一年の生まれ、ヘーゲルより二十一歳若かったが、二人のあいだには深い愛があり、家庭生活は幸福であった。そして二人の優秀な息子が生まれた。

『法の哲学』

ヘーゲルは大学に移りたいという希望を持っていたが、この希望は一八一六年ハイデルベルク大学の教授となることによってかなえられた。ハイデルベルクにいたのは約二年の短期間であったが、ここでヘーゲルは一八一七年に『エンチクロペディー』を出版した。この書はヘーゲル哲学の体系を示すものであり、第一部「論理学」(ふつう「小論理学」と言われる)、第二部「自然哲学」、第三部「精神哲学」とに分かれている。この書の出版によってヘーゲルの思想は完成されたと言いうるであろう。ただしこの書は後のベルリン時代に第二版(一八二七年)、第三版(一八三〇年)を出したが、現在ヘーゲルの『エンチクロペディー』として読まれているのはこの後の版であり、ハイデルベルク時代の初版はかなり大幅に訂正されている。

体系を完成したヘーゲルの哲学はこの時代からしだいにその同調者を見出し、ヘーゲル学派とも言うべきものが少しずつ形成されはじめた。ニュルンベルクからハイデルベルクの時代にかけてヘーゲルの関心は主として自己の哲学体系の完成ということに向けられていたが、そのあいだにプロシアにおける政治情勢はしだいに変わっていった。

われわれはすでに、ヘーゲルは国家というものを重んじたけれども、国家のためには他のすべては犠牲にされてもよいというような非合理的国家主義者では決してないことを見てきた。彼がプロシア軍を打ち破ったナポレオンに対して大きな尊崇の念を抱いていたこともこのことを十分に示しているのである。国民の自由を実現せしめる国家にしてはじめて、現在において歴史的使命をはたしうるものであると考えたのである。

ところが、その後プロシアはまさにヘーゲルの考える方向に進んでいったのであった。イエナ会戦に敗れてから、プロシアはシュタインの手によって大きく改革されていった。シュタインはもとより強い民族意識を持つ政治家であったが、しかしフランス革命の目ざした国民の自由という理想の意義を十分に認め、できるだけ多く国民の自由を認めながら、統一ある近代国家を実現しようとしたのである。彼は隷農制を廃止して農民を地主階級から解放し、また都市自治制を実施して、一定の額以上の収入を持つ者を有権者として市会の選挙を行なわせ、各都市に大幅の自治を認めた。シュタインはその反仏工作のため、ナポレオンの要求によって罷免されたが、その後ハイデンベルク内閣の手によって、シュタインの政策は継承されていったのである。

このようなプロシアの改革はヘーゲルをしてプロシアに大きな期待を抱かせるにいたった。かつてはナポレオンの手によってドイツに近代国家が実現されることを期待したヘーゲルは、いまやプロシアこそまさに自己の理想を実現すべき国家であると考えるにいたったのである。ここには、ヘーゲルが現実のプロシアをあまりにも高く評価しすぎているという誤りが存するかもしれない。しかしとにかくヘーゲルはプロシアこそ絶対者の展開という必然的な法則によって国民の自由の実現という歴史的使命をはたすべき国家であると信じたのである。ヘーゲルの哲学は、ここにプロシア国家と結びつくべき必然性を持つにいたる。ヘーゲルがしばしばプロシアの御用哲学者であるとして非難されることはすでに見たところであるが、しかしヘーゲルは決して節を屈してプロシア政府に媚びたのではない。彼は国民の自由の実現という世界史的使命をはたすべき真正の国家が、いまこそプロシアにおいて打ち立てられつつあると考えたにほかならないのである

そのころドイツには大学生を中心とするドイッチェ・ブルシェンシャフト（ドイツ学生連盟）という愛国的な運動がひろまっていた。この運動はドイツの統一と自由の実現を目ざすものであったが、そ

の運動は青年にありがちの感情的な傾向を取り、一八一七年にはルターの宗教改革三百年とライプチッヒ戦勝記念日を祝ってヴァルトブルク（ここの古城で、ルターが聖書をはじめてドイツ語に翻訳した）でその祭りを開き、好ましからざる書物などを焼いたりした。プロシア政府はこのような感情的な運動のゆきすぎを心配し、こういう青年たちの情熱を冷静な学問的認識によって正しい方向に導こうとし、この任務をはたしうべき唯一の思想として、ヘーゲルの哲学に注目したのである。プロシア政府は、一八一四年フィヒテが死んでから空席になっていたベルリン大学の教授の席にヘーゲルを迎えようとした。そしてヘーゲルはこれを承諾して、一八一八年十月、ベルリン大学に赴いたのであった。

ヘーゲルはベルリンにおいて自己に与えられた任務を忠実にはたそうとして、熱心に教育活動に当たった。かねてからヘーゲルに対して好意を寄せていたゲーテは、一八二〇年十月七日の手紙のなかで、「私は方々から、青年たちを導こうとするあなたの努力が最善の結果を挙げているということを聞いて喜んでいます」と述べている。

ヘーゲルは一八二一年、『法の哲学』を出版し、またこれについての講義をしばしば大学で行なった。『法の哲学』は、ヘーゲルの哲学体系『エンチクロペディー』の第三部「精神哲学」のうちの客観的精神の章を詳説したものであるが、ヘーゲルはここでたんなる心情ではなく、客観的な国家の制度のうちに実現されるべき倫理を重視すべきことを述べているのである。この『法の哲学』はヘーゲルの最後の主著であった。

ベルリン時代の十三年間はヘーゲルの最もはなばなしい時代であった。ヘーゲルの哲学は多くの青年たちの心を惹きつけ、有力なヘーゲル学派が形成され、ドイツの各大学ではヘーゲル的な哲学が講ぜられるようになった。そしてヘーゲルの影響はひとりドイツ国内のみにとどまらず、フランス、デンマークなど諸外国にもひろまっていったのである。一八二九年の十月には彼はベルリン大学の総長に選ばれ、一年間これをつとめている。

このようにヘーゲルの晩年はきわめて恵まれたものであったが、このヘーゲルに死は突然におそいかかったのである。一八三一年の夏、アジアからきたコレラがドイツに侵入し、ベルリンにも蔓延して多数の死者を出した。夏の学期の講義を終えたヘーゲルは、夏のあいだをコレラを避けて家族とともにベルリンを引き払っていたが、やがて秋になって冬の学期の講義のためにベルリンにもどってきた。コレラはもう終わりに近づいていた。

十一月十日、ヘーゲルは元気にその講義をはじめた。翌十一日も講義を続行した。彼の講義は常にもまして、力と情熱にあふれていたという。十三日の午前、彼は突然胃痛を覚え、嘔吐をした。苦しい一晩を明かした後、翌朝になって痛みは少しうすらいだように見えたが、もはや全身の力は消え失せてしまっていた。そしてその日十四日の午後ついに永眠したのである。その遺骸は、生前からヘーゲルの望んでいたように、フィヒテの墓の傍らに葬られた。

ヘーゲルの死後、その弟子たちの手によって、ヘーゲルの大学での講義が遺稿としてまとめられて出版された。それは歴史哲学・宗教哲学・美学・哲学史など、あらゆる方面にわたっている。ヘーゲルがいかに大きな体系的哲学者であったかは、これによっても知られるであろう。

3 根本思想

歴史の法則

以上ヘーゲルの生涯と著作活動を述べるにあたって、私はヘーゲルが自己の独自の思想的地盤を見出すにいたるまで、すなわちフランクフルト時代までのヘーゲルの思想の展開には内容的に少し触れておいたが、ヘーゲルの哲学そのものについてはほとんど触れなかった。それゆえ、われわれはいまやヘーゲルの哲学について述べなければならない。

ヘーゲルの哲学が難解であって、ひとによってその解釈もまったく変わりうることは、この解説のはじめに述べたが、しかし私の見るところでは、ヘーゲル哲学の根本思想は案外簡単なものなのではないかと思われる。それはフランクフルト時代の終わりにヘーゲルがおぼろげながら自覚しはじめた思想、すなわち歴史のうちにはわれわれ人間の手でどう動かしようもない法則があり、この法則によって歴史の過程は必然的に定められているという思想である。ヘーゲルの哲学はこの根本思想の基礎の上に立って、それに論理的形態を与えることによって成立したのではないかと思われる。

われわれはすでに、どうしてヘーゲルがこのような思想に到達したかを見たが、それは一言で言うならば、要するに啓蒙主義的な合理主義の限界を自覚したことによってであると言えるであろう。十八世紀の啓蒙思想においては、われわれはただ頭のなかで合理的と考えた理想を実現すべきであり、また実現することができると考えられていた。そこには歴史というものに対する顧慮はまったく存しなかった。歴史的に成立し現在まで残っているいっさいの伝統的なもの、非合理的なものをまったく排除し、純粋に合理的な理想を実現することが可能であると考えられていたのである。

はじめこのような啓蒙主義的思想から出発したヘーゲルは、しかしやがてこの思想の限界を自覚していったのである。この自覚の原因は、あるいはもともとギリシアの民族宗教を理想と考えたヘーゲルの考え方それ自身のうちに存したのかもしれない。あるいはまた、フランス革命が国民の自由の実現というよい理想を持ちながら、現実においては恐るべきテロリズムを出現させたということにあったのかもしれない。とにかくヘーゲルはこのような啓蒙思想の限界を自覚し、その立場を越えていったのである。

ヘーゲルの考えたのは、歴史のうちには一つの大きな法則的な流れが存しているということであった。それはわれわれ人間の力によってはどうにもならない必然的なものである。それゆえ、われわれがいかに頭のなかで考えた理想を実現しようと努力しても、その理想が歴史の法則的流れにちょうど適合していなければ、その努力は決して成功することはできない。言いかえれば、われわれの理想は、歴史のうちにおいてまさにそれが実現されるべき時が来なければ、実現されえないのである。

ヘーゲルがこの法則をその汎神論的思想によって、絶対者・神の自己実現の過程として把握したことはすでに述べたとおりである。ヘーゲルによれば、絶対者とは精神であり理性である。そしてその本質は自由ということである。このような考え方のうちには当時のドイツ哲学の影響が存することはもとより否定することができない。そして現代のわれわれから見れば、ここにヘーゲルが置かれていた時代の制限というものを感ぜざるをえないであろう。しかしとにかくヘーゲルが絶対者というものをこのように把握した以上、歴史というものは、そのなかにおいてしだいに自由というものが実現されてゆく過程として理解されることは当然であろう。歴史は絶対者がそのなかにおいて自己の本質をしだいに実現してゆく過程なのであり、したがって歴史のうちには自由というものの進展が存するのである。

彼がその「歴史哲学」の講義のなかで述べているところによれば、東洋の古代国家においては人間は自己が自由であるということを知らず、したがってそこでは自由というものは存しなかった。自由なのはただ一人専制君主のみであった。ギリシア的国家においてはじめて自由の意識が生じてくる。しかしギリシア人は、そしてまたローマ人も、人間そのものが自由であるということを知らず、ただいくらかの人たちが自由であるということを知っていたにすぎなかった。それゆえにこそ、ギリシア人は奴隷を有し、その自由な生活を奴隷に負うていたのである（ここにギリシア的国家に対するヘーゲルの見解がその初期の場合と非常に変化していることを知りうるであろう）。ところがゲルマン諸国においてはじめて人間そのものが自由であるということの自覚が生じてくる。しかしこの自覚はまずキリスト教によって宗教的観念として生じたにすぎなかった。世俗的な生活のうちに人間の自由を実現してゆくことはまだ成しとげられていない。しかし、このことこそ、すなわち国家の組織を自由の原理によってつくりあげてゆくことこそ、歴史の到達すべき目標である、というのである。そしてヘーゲル自身が、いまこそプロシア政府によってこの歴史の目標が実現されるべき時が来ていると考えていたことは、すでにわれわれの見たところである。

世界史がこのように人間の自由を実現してゆくということは、ヘーゲルによれば、絶対者ないし神の摂理なのであり、必然的に定められていることなのである。それは歴史を支配する法則であって、この法則に人間は決して抵抗することはできない。人間はもとより必ずしもこのような歴史の法則を自覚しているものではない。むしろ個々の人間はみずからの関心と情熱とによって行為の目的を定め、その目的を実現しようと努力してゆくのであろう。しかしこの個々人の行為のうち、その目的が世界史の法則的進展に適合しないものは成功せず、世界史のうちで重要な意義を持ちえないのである。ただ世界史の進むべき方向に適合した目的を実現する人々のみが世界史的意義を持つのである。このことは言いかえれば、絶対者が自己の目的を世界史のうちに実現してゆくために、個々人の働きを利用するとも言うことができるであろう。絶対者といえども個々の人間の働きなくしては、その目的を歴史のうちに実現してゆくことはできない。人間の働きを通じてのみ、絶対者は自己の本質を歴史のうちに実現してゆくのである。しかし、このことは決して歴史の動向が個々人の働きによって決定されてゆくということを意味するのではない。歴史の歩みは、はじめからきまっているのであり、絶対者はいわば個々人をして自由に行為せしめながら、そのあるものを失敗させ、あるものを成功させることによって、自己の目的を実現してゆくのである。ヘーゲルはこのことを、その「歴史哲学」において、「理性の詭計」と称している。

このようなヘーゲルの考え方がどこまで正しいかということについては、いろいろの論議がありうるであろう。とくに世界史を神の摂理による目的論的過程として解したことに対しては、おそらく多くの異論が提出されるであろう。しかし、少なくともヘーゲルが非歴史的な啓蒙思想を越えて、歴史というものの持つ重みに目を注いだということは、大きな時代的意義を持っていると言えるのではないであろうか。十八世紀が非歴史的な合理主義の時代であったのに対して、十九世紀は歴史主義の時代であったと一般に言われることがある。哲学においては歴史哲学に対して大きな関心が注がれる。経済学や法学においても歴史学派というものが現われてくる。ヘーゲルの哲学は、こうした十九世紀の歴史主義への途を開いたのであった。

絶対者の規定

以上のような考え方から、絶対者についてのヘーゲル独自の規定が生じてくる。まず第一に、絶対者は歴史のうちにおいて自己を実現してゆくものと考えられているのであるから、それは歴史における有限者の変化を離れて存するものではないということである。絶対者はいわば有限者の彼岸にそれ自身で存しているものではなく、有限者の変化を通じてのみ存するのである。絶対者は有限者と対立するものではなく、むしろ自己のうちに有限者を含んでいるのである。

この点についてもわれわれは、すでにきわめて簡単にではあるが触れておいた。ヘーゲルがイエナ時代の初期にシェリングの立場に同調しながら、『精神現象学』にいたってシェリングの哲学を痛罵するようになったのも、絶対者についての見方の相違によるのであった。

そのさいに述べておいたように、カントやフィヒテの哲学は絶対者・神というものを有限者の彼岸に存するものと考えていたと言えるであろう。カントは、われわれはただ有限者の世界、カントのことばをもってすれば現象の世界を認識することができるのみであって、絶対者というものは決して認識の対象とはなりえないと考えた。つまり絶対者は有限者の世界からまったく断絶してその彼岸にあると考えられていたのである。フィヒテの場合には人間の理性的本質である絶対的自我というものを考え、これを神的なものと考えているが、その絶対的自我はわれわれの行為の実現すべき目標であって、決して現実に完全に実現することのできないものとされていた。この場合にも、やはり絶対者は有限者の世界には実現されえない彼岸的なものと考えられていたと言えるであろう。

これに対して、シェリングにあっては、絶対者は有限者の彼岸にあるものと考えられず、むしろすべての有限者の根底に存するものと考えられていた。絶対者は有限者が変化していってもその変化の根底に常に変化せずに存しているのである。このようなシェリングの考え方はカントやフィヒテの考え方に対してまったく対立しているとも言えるであろう。しかしそれにもかかわらず、ヘーゲルの立場から見ると、シェリングの考え方も、それが絶対者というものを、変化してゆく有限者の根底に常に変化せずに自己同一的に存していると見る点で、やはり絶対者と有限者とのあいだに断絶が存すると考えているのである。絶対者が有限者の変化に関係なく常に自己同一的にとどまっているとするならば、それは有限者というものから独立に存していると言われねばならないからである。

それゆえヘーゲルによると、カントやフィヒテの哲学とシェリングの哲学とはまったく対立しているように見えながら、実は同一の前提の上に立っているのである。その前提とはすなわち、絶対者は有限者から離れて存しているということであり、絶対者と有限者とは対立しているということである。これに対してヘーゲルの絶対者観がいかに異なっているかはもはや十分明らかであろう。ヘーゲルの考える絶対者とは決して有限者に対立するものではない。それは有限者の彼岸に存するものでもなく、また有限者の根底に自己同一的に存するものでもない。むしろそれは有限者を自己のうちに包み込んだものである。有限者の変化を通じて絶対者は自己を実現してゆくのである。したがって絶対者は有限者を離れては存しえないのであり、有限者は絶対者の本質的な契機となるのである。

ヘーゲルはこのことを、その『論理学』のなかで、悪無限と真無限という概念によって説明している。悪無限とは有限者に対立する意味での無限者のことである。そしてこれに対して真無限とは有限者を自己のうちに含んだ無限者を意味する。ヘーゲルによると、通常、絶対者は有限者に対立する無限者、すなわち悪無限として把握されるが、しかし実はこのような絶対者は決して真の意味での絶対者ではない。なぜなら、それは自己の外に有限者というものの存在を許しているからである。有限者というものが自己の外に存するならば、この絶対者は有限者によって限界づけられていると言わねばならない。しかし他のものによって限界づけられているものはまさしく有限者と呼ばれるべきではないであろうか。そうであるとすれば、悪無限として考えられた絶対者は、実はそれ自身一つの有限者でなければならない。それは決して真に絶対者と呼ばれるべきものではないのである。

真の絶対者は真無限でなければならない。真無限とは有限者に対立するものではなく、有限者を自己のうちに包むものであった。それは有限者の変化を通じて自己を実現してゆくものであった。すなわち、真無限とはいっさいを自己のうちに含む全体であり、たんなる有限者でもなければ、たんなる悪無限としての無限者でもなく、これら両者を総合統一したものと言えるであろう。ヘーゲルの絶対者観の特色は、この真無限という概念によって最もよく示されていると思われる。

ヘーゲルによると、絶対者というものを悪無限として把握するかぎり、絶対者はまったく空虚なものとなってしまわねばならない。なぜなら、このような絶対者については決していかなる規定をも与えることはできないからである。何かを規定しようとすることは、それを限界づけることにほかならず、限界づけるということは有限化するということにほかならない。それゆえ絶対者に対して規定を与えようとすると、それは有限化され、有限者の領域に引きおろされてしまわねばならない。ところが悪無限としての絶対者はまさに有限者と対立するものであった。したがってこのような絶対者については、その本質上、いかなる規定をも与えることができないのである。それゆえ絶対者はついにまったく空虚な抽象的無限者としてとどまらざるをえない。そしてこのような抽象的無限者からいかにして有限者が生じてくるかということはついに解きえない問題として残ってしまうのである。

これに対して、もしもわれわれが絶対者を真無限として把握するならば、事情はまったく異なってくるであろう。それは有限者を自己のうちに含む無限者であるから、決して無規定的な空虚な抽象的無限者ではない。それは具体的規定を持った無限者である。有限者の持つ諸規定はすべて真無限としての絶対者自身の規定にほかならない。有限者の全体がすなわち絶対者のあらわれにほかならないのである。真無限としての絶対者は、まず無限であり、そこからつぎに有限者が生じてくるというようなものでは決してなく、はじめから有限者をうちに含んだものであり、すなわちそれ自身において無限であると同時に有限なのである。

普遍と特殊

右に述べたヘーゲルの考え方から、また絶対者についての第二の規定も導かれてくる。それはすなわち、絶対者は普遍と特殊の総合であるという規定である。この規定も実はさきに述べた真無限という規定と実質的にはなんら異なるものではない。ただそれを論理学的なことばによって表現したものと解することができる。

一般に形式論理学においては、普遍とは多くの事物の持っている共通な本質的な規定を意味し、これに対して特殊とはある事物のみの持っている具体的な規定を意味すると言えるであろう。たとえば、人間という概念はソクラテスやプラトンなど多くのものが共通に持っている規定を意味している。ソクラテスも人間であり、プラトンも人間である。そしてまたそれはソクラテスやプラトンにとって本質的な規定である。なぜなら、ソクラテスやプラトンは生まれてから死ぬまで、赤ん坊から少年になり、さらに青年・壮年・老年というように変化してゆくけれども、その変化を通じて同じ人間という規定を持っているからである。それゆえ、人間という規定はソクラテスやプラトンに対する普遍と称することができる。これに対して、ソクラテスやプラトンが持っている特殊的な規定とは、まさにソクラテスのみが持っている規定で、それによってソクラテスをプラトンその他の人間から区別するもの、あるいはプラトンのみが持っていて、それによってプラトンをソクラテスその他の人間から区別するところの規定である。

ソクラテスもプラトンも同じく人間でありながら、その特殊的規定によってたがいに区別され、ソクラテスはプラトンではなくてまさにソクラテスであり、プラトンはソクラテスではなくてまさにプラトンなのである。たとえばソクラテスについて言えば、獅子鼻であるとか、アテネの町でいろいろの人をつかまえては問答をしたとか、クサンティッペという悪妻を持っていたとか、あるいは告訴されて刑死したとかはすべてソクラテスの持つ特殊的規定である。人間という普遍と、ソクラテスのみの持つ具体的規定、すなわち特殊との総合によって、ソクラテスという個別が成立するのである。ソクラテスは人間である。しかしたんなる人間ではない。ソクラテスを人間であると規定することによって、われわれは決してソクラテスについて具体的な理解を持つことはできない。人間という普遍的規定はソクラテスのまったく抽象的な本質を示すにすぎない。われわれがソクラテスについて具体的な理解を持とうとするならば、その特殊的規定を知ることを必要とするのである。

いまこのような論理学的な規定を絶対者についてあてはめてみるならば、絶対者もまた普遍と特殊との総合統一として把握されることは明らかであろう。この場合、絶対者の抽象的な普遍的規定とは、さきに述べた悪無限というものにほかならない。悪無限とは有限者に対立する無限者であった。そしてそれゆえに、いかなる規定をも持たない抽象的な無限者であった。したがってそれは、絶対者が有限者の変化を通じて自己を実現してゆくにあたって、はじめから終わりまで絶対者という性格を失わないという側面を表現していると言えるであろう。ちょうどソクラテスが生まれてから死ぬまでのあいだに絶えず変化してゆきながら、人間という抽象的な普遍的規定を維持しているのと同じように、絶対者もまた有限者の変化を通じて自己自身を変化発展させてゆきながら、そのあいだに一貫して絶対者という抽象的な普遍的規定を維持しているのである。そしてこの規定こそ悪無限といわれる無限者にほかならない。しかし悪無限は真の絶対者ではなかった。絶対者は有限者から離れて存するものではなく、有限者の変化を自己のうちに含むものであったが、この有限者の持つ諸規定が特殊である。そうであるとすれば、絶対者は普遍と特殊との総合として規定されることができるであろう。

さきに述べたソクラテスの場合、普遍と特殊との総合によって成立するのはソクラテスという個別であった。われわれは一般に、形式論理学的に、個別というものは普遍の側面と特殊の側面を持ち、この両者の統一であると言うことができる。それゆえ、いまこの考え方を絶対者の場合に適用するならば、われわれは絶対者も個別として規定することができよう。ヘーゲルの考えるような、有限者の変化を通じて自己を展開してゆく絶対者は、特殊的諸規定の変化のうちに自己同一性を保っている個別と考えることもできるからである。したがってヘーゲルも絶対者に対して個別という規定を与えている。

しかしこの場合、個別といっても、それはソクラテスの場合のように個別的なものということを意味しているのでないことは言うまでもないであろう。ソクラテスを個別と称するとき、それはプラトンその他多くの人々から区別されるソクラテスの個人性ということである。この意味での個別に対しては、他の多くの個別が存在する。ところが絶対者の場合に、これを個別と呼んでも、そのほかにいかなる個別も存しないことは当然であろう。絶対者はそのうちにいっさいを含む全体者であり、絶対者から離れたものはまったく存しないからである。絶対者から離れそれに対立するものがあると考えれば、そのとたんに、絶対者は悪無限として考えられてしまうのである。それゆえ、ヘーゲルが絶対者に対して個別という規定を与えるとき、その個別ということばは注意深く理解されねばならない。それは抽象的普遍と特殊との総合統一という意味を持つのであり、この意味においてのみ解せられるべきである。

われわれはヘーゲルの絶対者について、個別という規定よりもむしろ具体的普遍という規定を与えるほうが適当であるとも言えるであろう。絶対者はいっさいの特殊を自己のうちに含んだ普遍として考えることができるからである。しかもそれは決して悪無限というような抽象的普遍ではなく、特殊を包括した具体的普遍なのである。ヘーゲル自身はこの具体的普遍ということばをそれほど数多くは使っていないようであるが、多くのヘーゲルについての研究書がこのことばをヘーゲル哲学の根本思想を表現することばとして強調しているのは、この意味で十分納得できることである。

われわれはなお、ヘーゲルが普遍と特殊との総合統一としての個別という絶対者の構造を概念と称していることに注意すべきであろう。ふつうに概念といわれるのは抽象的普遍であると言うことができるであろう。たとえばわれわれはソクラテス、プラトン等々の個々の人間から、それらが共通に持っている普遍的性格を取り出して、「人間」という概念をつくる。あるいは多くの花が持っている共通の性格を取り出して「花」という概念をつくる。この意味での概念が抽象的普遍であることは言うまでもない。ところが、ヘーゲルによれば、このような抽象的普遍は決して真に概念と呼ばれうるようなものではないのである。概念とは普遍と特殊とを総合した個別であり、具体的普遍でなければならない。それゆえ、ヘーゲルは概念のうちには普遍と特殊と個別という三つの契機が存するというのである。

概念ということばをこのような意味で用いるのはヘーゲルの独自な用い方であって、一般の使用法とまったく異なっていることは言うまでもない。しかしヘーゲルの考え方によれば、われわれは対象を正しく把握したときにのみ、はじめてその対象の真の概念を持つことができるのである。したがって真の概念とは対象の持つ構造と一致するものでなければならない。あるいはむしろ、概念とは対象の構造のことであり、われわれが通常概念と称するものは、この対象の構造がわれわれの思惟のうちにとらえられたものにほかならないと言うべきであろう。ヘーゲルにおいて、概念というものがわれわれの主観的な概念としてでなく、対象の客観的な構造を意味するのはこのゆえにほかならない。こうしてヘーゲルは概念ということばを、根源的には、絶対者の客観的な構造を示すものとして用いるのである。

4 弁証法

弁証法とは何か

以上においてわれわれはヘーゲル哲学の根本思想を述べたのであるが、ヘーゲルはこの根本思想に基づいてその体系を樹立するにあたって、弁証法といわれる方法を用いた。ヘーゲルの体系ははじめから終わりまでこの弁証法的方法によって貫かれているのである。それゆえ弁証法というものを正しく理解するということはヘーゲル哲学理解の鍵であると言えるであろう。

しかし、それでは弁証法とは何であるかということになると、弁証法がヘーゲル哲学においてきわめて重要であり、またおそらく最も有名な思想であるにもかかわらず、決して一致した解釈が存するわけではない。むしろヘーゲル哲学に対する人々の解釈が異なるにしたがって、弁証法についても種々異なった解釈が成立しているというのが実情であると思われる。

よく行なわれている解釈の一つに、ヘーゲルの弁証法とは現実とか経験とかいうものをまったく無視して、ただ純粋に概念のみを考察し、その概念の自己展開によってそこからつぎつぎに新しい概念を導き出してくるものであると見る見方がある。この見方によれば、ヘーゲルは一つの概念をとらえて、そのなかに含まれている矛盾的契機を見出してくる。そしてこのことによってその概念はおのずからその矛盾的概念に移行してゆく。しかし、さらにこの矛盾的概念もまた自己のうちに含まれている矛盾的契機が指摘されることによって第三の新しい概念に移るのであり、この第三の概念は第一と第二の両概念の総合統一である。このようにして一つの概念からつぎつぎに新たな概念を導き出してゆくのがヘーゲルの弁証法であると考えられるのである。

ヘーゲルの弁証法について、このような解釈が生じてくるのは決して不可解なことではない。というのは、ヘーゲルの哲学体系のうちにはこのように解釈しなければ理解できないような部分も存するのであり、いやそれどころか、ヘーゲルはその哲学体系のいたるところにおいてこのように解しうるような叙述を行なっているとさえ言うことができるからである。後に見るように、「論理学」の最初の部分、有―無―成の弁証法の叙述などその典型的なものと言えるであろう。

しかし、たとえこのような解釈が生じてきたことに対してヘーゲル自身責任があるとしても、この解釈が決してヘーゲルの弁証法の本質をとらえているものでないことは、ヘーゲルの根本思想を考えても十分明らかであろうと思う。このような解釈を取るとき、ヘーゲル哲学はまったく極端な汎論理主義的形而上学と考えられることになるであろう。弁証法が現実というものをまったく無視して、ただ概念を考察してゆくことによって、そこからつぎつぎに具体的な概念を導き出し、ついに現実の世界全体についての概念的体系をつくり出してしまおうとするものであるとするならば、このようなことが可能であるためには、世界を支配する「概念」というものが存し、この「概念」の自己展開によって世界がつくり出されるという前提が存していなければならないはずである。それゆえ、もしもほんとうにヘーゲルの弁証法がこういうものであったとすれば、ヘーゲルの哲学はまったく神秘的な「概念」の形而上学であると言われねばならないであろう。ヘーゲルの哲学をノンセンスと考えるのは、弁証法についてこの種の解釈を取る人々に多いのではないかと思われる。

しかし、ヘーゲルの哲学は、すでに見てきたように、根本的に現実というものを重視する哲学であった。有限者の歴史的変化から離れたものとして絶対者を把握することこそ、ヘーゲルが徹底的に反対したことなのである。シェリングの絶対者観に反対したのも、それが悪無限としてとらえられ、したがってそのような絶対者からはいかにしても有限者は生じえないからであった。そうであるとすれば、いまもしヘーゲルがたんなる概念の考察によってつぎつぎに新しい具体的概念を導き出し、ついに現実の世界全体についての概念的体系を打ち立てようと考えたとするならば、それは彼自身の根本的な考え方と相容れないと言わねばならないはずである。たんなる抽象的概念から、具体的な現実についての概念的体系を導出しようとすることは、シェリングの絶対者から具体的な有限者についての規定を導き出そうとすること以上に不可能なことと言うべきであろうからである。

ヘーゲルの弁証法について一般に行なわれているもう一つの解釈は、弁証法とは存在が矛盾的構造を持っているということを認める論理である、という見方であろう。この見方によれば、通常の形式論理は「AはBであると同時にBでないことはできない」という矛盾律を絶対的な原理と考え、したがって存在のうちに矛盾があるということを容認しないが、存在のうちには実際に矛盾的構造が存するのであるから、存在を具体的に把握するためには形式論理は不適当であり、ここに矛盾律を否定する弁証法論理というものが必要となる、というのである。

こういう弁証法の理解は現代では最も一般的に流布されているものであるし、またヘーゲルの弁証法がこの意味に解せられるという面を持っていることも否定できないことである。ヘーゲルはその『エンチクロペディー』の一一九節の補遺のなかで、「一般に世界を動かしているものは矛盾であり、矛盾は考えられないということは笑うべきことである」と述べているのである。われわれはヘーゲル自身、弁証法というものを矛盾の論理として考えていたということをまったくは否定できないのではないかと思う。しかしそれにもかかわらず、私はヘーゲルの弁証法というものは本来決してこういうものではなかったと考えるのである。なぜなら、弁証法をこのように理解することもまた、ヘーゲルの根本的立場と相容れないからである。

元来、ヘーゲルの哲学は、すでに見たとおり、絶対者をその真実の姿において把握しようとするものであった。ヘーゲルは、カントのように、絶対者・神はわれわれの認識の対象にはならないというような考え方を取らない。カントがこういう考え方を取ったのは、われわれの認識能力のうちにはじめから一つの固定した論理(すなわち先天的な直観形式と先天的な悟性概念)があって、絶対者というものはこの思惟の論理の枠のうちにははいりえないと考えたからであった。ところがヘーゲルの場合、もはやこうした考え方は存在しない。われわれの認識能力のうちにはじめから一つの固定した論理があるというようなカント的考え方は、ヘーゲルのうちにはもはやないのである。ヘーゲルはむしろ絶対者をそのあるがままに、その真実態において認識することこそ、われわれの思惟の役目だと考えているのである。

われわれはさきにヘーゲルの言う概念ということばが通常の使用法とは異なった独自の意味を持っているということを述べた。通常の使用法では、概念とは何かわれわれの思惟のうちに存するものと考えられている。人間とか犬とかいう概念はわれわれが思惟によってつくり出すものと考えられているのである。ところがヘーゲルの場合には、概念とはこのような主観的性格を持つものではなくて、絶対者の持つ客観的な構造を意味するものであった。ここにヘーゲルが、われわれの思惟は絶対者をそのあるがままに把握すべきものであると考えていたことがはっきり示されていると言えるであろう。われわれの思惟のうちにはじめから一つの論理があって、それによって絶対者をとらえようとするのではない。そうではなく、われわれは絶対者の持つ客観的構造を思惟によって正しく把握すべきなのである。そしてこのことが成功したとき、われわれの思惟ははじめて正しい主観的な概念を持つことができるのである。

だが、このような立場に立つとき、存在のうちに矛盾が存するということはまったく考えることができないはずである。元来、矛盾とは思惟において両立することのできない二つの規定のあいだの関係である。そうであるとすれば、思惟のうちにはじめから一つの固定した論理が存すると考えるならば、存在のうちにはこの思惟の論理によっては割り切れない構造が存するということは十分可能なことであるから、その場合には存在のうちに矛盾が存するということも考えられるであろう。ところが、ヘーゲルの場合のように、思惟のうちに固定した論理というものがあるのではなく、思惟はただ存在をそのあるがままにとらえるべきであると考えられているならば、存在のうちに矛盾が存在するとは決して考えられない。存在がいかなる構造を持っていようとも、その構造を思惟はそのままとらえるべきなのであり、したがって存在の持ついかなる規定も思惟のうちにおいて両立しえない規定ではないからである。

このように考えると、ヘーゲルの弁証法について一般に行なわれている二つの解釈は、実は必ずしも正当なものとは言えないのではないかと思われる。

認識の発展

それではヘーゲルにおいて弁証法とは何であろうか。私はヘーゲルの哲学を貫いている弁証法という方法は、ヘーゲルの絶対者観と密接に連関しているのではないかと考える。一般に哲学の方法というものがその哲学のよって立つ根本思想と離すべからざる連関を持っているのはむしろ当然のことなのではないであろうか。

ヘーゲルにおいて絶対者とは、前に述べたように、悪無限としての無限者と、それに対立する有限者との総合であった。有限者の変化を通じてそのあいだに自己同一を保ちつつ、しだいに自己を発展展開せしめてゆくものであった。絶対者は有限者から離れて存するものではなく、有限者の全体のうちにのみ自己を実現するものであったのである。それではこのような絶対者はどういう仕方で認識されるであろうか。

もしも絶対者というものが悪無限としての無限者として把握されるならば、その絶対者についての認識は有限者についての認識とはまったく無関係に行なわれると言わねばならないであろう。有限者についてわれわれがいかに認識を深めていっても、それはついに絶対者についての認識に役立つことはできない。絶対者は有限者から離れて存しているものであるからである。有限者についての認識とは、われわれが通常日常的に種々の具体的な対象について行なっている認識であり、このような認識は通常の意味での概念を用いて多くの対象間の関係や相違などを研究することによって行なわれる。われわれはこの種の認識を悟性的認識と呼ぶことができよう。そうすると、悪無限としての絶対者についての認識は悟性的認識を超越するものでなければならない。われわれはこのような絶対者については、いっさいの悟性的・概念的認識を退けて、ただ直観的にこれを把握するほかないであろう。なぜなら、われわれはこういう絶対者については何一つ概念的規定を与えることができないからである。概念的規定はただ有限者についてのみ与えられるのである。

シェリングは絶対者というものは悟性的認識によってではなく、ただ知的直観というべき能力によって一挙にとらえられると考えたが、このことは、シェリングの絶対者が悪無限としての無限者である以上、当然のことであった。そしてまた知的直観というものを認めないカントにあって、絶対者というものが認識不可能であると考えられたのも当然のことであったのである。

これに対して、絶対者を悪無限としての無限者と有限者との総合として考えたヘーゲルの場合には、絶対者についての認識の方法もおのずから異なってこなければならない。それはもはや知的直観というようなものではありえない。絶対者は有限者を離れては存在せず、むしろ有限者の全体のうちに自己をあらわすものなのであるから、われわれは絶対者を認識するためには、有限者についての認識から出発してゆかねばならない。まず有限者についての認識を持つことなくしては、われわれは決して有限者全体のうちにあらわれる絶対者を認識することはできないのである。悟性的認識は絶対者の認識にとって無関係なものではなく、むしろ欠くことのできないものなのである。

こうしてわれわれはまず有限者についての悟性的認識から出発しなければならない。しかし絶対者を認識しようとする以上、われわれがこの悟性的認識の段階にとどまることのできないことは言うまでもないことであろう。悟性的認識は有限者をただ有限者として認識するにすぎない。それは有限的な事物を全体から切り離して、その事物だけを認識するのである。しかし有限者はもとより絶対者ではない。絶対者を認識するためには、有限者の全体をとらえねばならない。ここにわれわれは悟性的認識から出発しながら、それを越えてさらに高次の認識へと進んでゆかねばならないのである。

この認識の展開はつぎのような三段階的展開の形を取って行なわれるであろう。まず第一に、われわれは有限的事物についての悟性的認識の立場に立つ。そしてこの有限的事物について妥当するある規定を絶対的なものとして固定する。しかし有限的事物は変化してゆくものであるから、われわれはただちにそれについてその規定とは矛盾する新たな規定を見出さねばならない。ここに、はじめに悟性が固定した規定はその絶対性を喪失し、われわれの認識は矛盾にぶつかるのである。これが第二の段階である。しかしこの二つの規定が矛盾するものと考えられたのは、われわれがただ有限的事物のみを見ようとしているためであって、われわれが有限的事物がそのなかにおいて変化してゆく全体を見るならば、この二つの規定は実は決して矛盾するものではなく、ともに全体のうちの契機として認められるということに気づくであろう。これが第三の段階である。そしてこの段階にいたってわれわれの認識は、はじめの悟性的段階よりもいっそう高次の段階へ進むのであり、いわば理性的段階に到達するのである。もとよりこのような認識の三段階的展開は決して一度だけ行なわれるのではない。

われわれの認識はこうした三段階的発展をくり返しながら、ついに真実の全体者、すなわち絶対者の認識へと到達してゆくのである。

私は、このような認識の三段階的発展こそヘーゲルが弁証法的発展と称したものなのではないかと考える。ヘーゲルはその『エンチクロペディー』の七九節以下のところで、論理的な展開をだいたいつぎのような三段階的展開として述べている。第一の段階は、抽象的あるいは悟性的段階であって、ここでは悟性的思惟がある規定を固定し、それを他の規定から区別されたものとして考えており、そのような抽象的なものがそれ自身で成立していると見なしている。第二の段階は弁証法的あるいは否定的理性的段階であって、ここでは第一の段階で考えられていた有限的な諸規定がその反対の規定へと移ってゆく。すなわち、第一の段階で考えられた規定に対して矛盾する規定が生じてきて、この二つの矛盾的規定が対立するのである。それゆえ、われわれが悟性的立場に立つかぎり、懐疑論に陥らねばならないのであるが、第三の段階、思弁的あるいは肯定的理性的な段階において、この対立する二つの規定が統一されるというのである。このような三段階的な論理的展開についてのヘーゲルの説明が認識の展開を意味することは疑いえないのではないであろうか（なおこの箇所の説明で、ヘーゲルが弁証法的段階を第二段階としていることにわれわれは注意すべきであろう。弁証法的段階は決して最高の段階ではなく、その上に第三の思弁的段階が存するのである。ヘーゲルにおいては、このように弁証法的ということばが矛盾的というような否定的意味において用いられていることも多いのである。しかし通常、ヘーゲルの弁証法というとき、たんに第二段階のみでなく、第一段階から第二段階を経て第三段階にいたる論理的展開の全体が理解されていることは言うまでもない）。

こうしてヘーゲルの弁証法とは本来認識の三段階的展開を意味すると考えられるが、この三段階は、正・反・合、あるいは定立・反定立・総合、またさらに即自的段階《アン・ジッヒ》・対自的段階《フュール・ジッヒ》・即自かつ対自的《アン・ウント・フュール・ジッヒ》段階と称せられることは改めて言う必要もないであろう。このうち即自的とか対自的とかいうことばはむずかしいが、要するに、第一の段階はそれ自身のうちに実は暗々のうちに矛盾が含まれているにもかかわらず、その矛盾に気づいていない段階であるために、まだ自覚的でない段階、即自態、と言われるのであり、第二の段階はこの矛盾を自覚する段階であるから、自覚的な段階、対自態と言われるのである。そして第三の段階が即自かつ対自態と呼ばれるのは、それが第一と第二の段階の総合であるからであるのは言うまでもない。ただしヘーゲルにおいてこの用語法は必ずしも厳密なものではなく、第三の段階をも対自態と呼んでいることがあることは注意すべきであろう。なお、第一と第二の段階において見出された二つの規定は第三の段階においてともに否定されながらしかもともに生かされて総合統一されるのであるが、このことをヘーゲルがアウフヘーベン（止揚または揚棄と訳す）と呼んだことも周知のことであろう。「アウフヘーベン」というドイツ語はもともと「否定する」という意味と「保存する」という意味とを持っているのである。

もしもヘーゲルの弁証法がもともとこのような認識の展開の仕方を意味するとするならば、ヘーゲル哲学がたんに抽象的な概念を考察することによってしだいに具体的な概念を導出し、現実というものをまったく概念的に割り切ってしまおうとする汎論理主義ではないことは言うまでもないことであろう。われわれは前にこうした汎論理主義的解釈がヘーゲル哲学の根本思想と相容れないということを見たが、このことはいまやさらに明らかになったと言えるであろう。ヘーゲルの哲学はむしろこういう汎論理主義とは逆の性格を持つと言わねばならない。それは最も原理的な概念から出発して、そこからしだいに具体的な概念に下ってこようとする、いわば演繹的な上から下への道を取ろうとするものではない。そうではなく、それは悟性的な抽象的概念の非真理性を自覚することによって、しだいに高次の立場へと進んでゆこうとするのである。いわばそれは下から上への道を取ろうとするのである。われわれの認識は弁証法的進展を行なうことによって、誤った認識からしだいに真なる認識へと進んでゆくのである。

弁証法は、決して何か概念を弄ぶ手品のようなものではない。むしろそれはきわめて常識的な性格を持っていると言えるのではないであろうか。なぜなら、われわれが自分の認識の誤りを自覚することによってその考えを改め、しだいに真なる認識を目ざして進んでゆくというのは、われわれの認識の最も自然な進展の仕方であるからである。このことは決して哲学的認識に限るわけではない。自然科学的認識においても、われわれはまさにこのような仕方でその認識を展開させてゆくと言えるであろう。そうすれば、弁証法とは決して神秘的なものではない。それはわれわれが何を認識する場合でも常に行なっている認識の展開の仕方なのである。

ヘーゲルが弁証法ということを考えたのは、すでに述べたとおり、その独自の絶対者観によるものであったであろう。彼の絶対者とはその認識の方法としてまさに弁証法を要求するものであったのである。しかし弁証法は決してヘーゲル的な絶対者観と離れがたく結びついているものではない。われわれは絶対者についてのヘーゲル的考え方を否定しても、なお弁証法という考え方を取ることができる。むしろ弁証法はわれわれの日常的な認識においても常に見出される認識の展開の仕方であると言うべきであろう。

それゆえに、またわれわれはヘーゲル哲学を通常の意味での合理主義と解することのできないことも当然であろう。ヘーゲルは言うまでもなく理性的認識を重んずる。絶対者は理性的に認識されなければならないのであり、決してシェリングなどの場合のように知的直観によって一挙に把握されることはできないのである。このように知的直観というような非合理的認識を退けてあくまでも理性的な概念的認識を重んずるという点で、ヘーゲルはたしかに合理論者であると言うことができるであろう。しかしこの場合、合理論ということは決してたんに「概念」というものの自己展開によって現実を割り切ろうとするようなものと解せられてはならない。ヘーゲルにとっては現実のあるがままの把握が、そして現実の全体のうちに絶対者が実現しているのであるから絶対者の把握が、根本的な問題であったのである。ヘーゲルにおいて理性的認識が重んぜられたのは、それがまさにこの現実を真に把握するものであるからであった。

そうであるとすれば、ヘーゲル哲学は合理主義と呼びうるかもしれないが、その合理主義とは決していわゆる合理主義ではなく、通常非合理的と称せられる要素をも取り入れたものであると言わねばならない。現実のうちには非合理的なものも含まれている。ヘーゲルの理性的認識はこの非合理的なものをもそのままに把握しようとするのである。ヘーゲルが啓蒙時代の合理主義に反対して歴史というものの持つ重みを重視しようとしたことを考えても、このことは理解されるであろう。ヘーゲルの合理主義はいわば悟性的合理主義ではなく、理性的合理主義であったと言わねばならない。

もう一つ注意すべきは、ヘーゲルの弁証法が認識の展開の仕方を示すものであるとするならば、それは決して矛盾律を否定するような特別な論理ではないということである。この点についても私はすでに、弁証法を矛盾の論理と解することはヘーゲルの根本思想に反するということを述べておいたが、いまやこの点をさらに明らかにすることができるであろう。

何よりもまずわれわれは矛盾というものが認識の弁証法的展開において、その第二の段階においてあらわれるということを考えねばならない。それは悟性的・抽象的思惟が必然的に陥る段階であった。したがって矛盾というものはわれわれの思惟の展開においてきわめて重要な意義を持つのである。しかしこの矛盾の段階は決して最終の段階ではない。それはさらに第三の思弁的段階によって克服されてゆかねばならぬ段階なのである。そしてこの第三の段階において、その矛盾は止揚されるのである。第二の段階は第一の段階の否定であり、第三の段階はさらに第二の段階の否定、すなわち否定の否定であるが、ヘーゲルはその『大論理学』の最後の「絶対的理念」の箇所で、否定の否定は矛盾の止揚である、とはっきり明言している。

もしも弁証法というものが矛盾律を否定し、矛盾を認める論理であるとするならば、われわれの認識はどうして第二の矛盾的段階を越えて、さらに第三の段階に進んでゆかねばならないのであろうか。むしろわれわれは第二の矛盾的段階こそ真理であると考えて、ここにとどまるべきなのではないであろうか。第二の段階を越えて第三の段階へ進んでゆかねばならないのは、まさに矛盾が止揚されなければならないからにほかならない。矛盾を認めることができないからにほかならない。第二の段階で矛盾に逢着するとき、われわれの思惟はどうしてもこの矛盾に耐えることができない。この矛盾をなんとかして解決しなければならないのである。それゆえにこそ、われわれの思惟は第三の段階へと進んでゆく。第三の段階において矛盾は解決され止揚されるのである。矛盾律の正しさはヘーゲルの弁証法においてもその前提となっていると言わねばならない。

もとよりこのことはその矛盾が悟性的に解決されるということを意味するものではない。それどころか、この矛盾は、ヘーゲルによれば、悟性的にはまったく解決不可能なのであり、それゆえにこそ認識は第三の理性的段階に進んでゆかねばならないのである。われわれが悟性的立場に立って有限的事物を真の実在と考えているかぎり、そこに見出される矛盾的規定はあくまでも矛盾であって、それは止揚されることはできない。ただわれわれが理性的立場に立って有限的事物を全体のうちにおいて考察するとき、その矛盾的規定はもはや矛盾ではなく、総合統一されるのである。それゆえ、ここから、ヘーゲルの弁証法論理は矛盾を認めるものであり、矛盾律は否定されるのだという解釈も生じてくる。しかしそうではない。悟性的立場で矛盾と考えられるものも、理性的立場では必ずしも矛盾とは考えられないのである。たとえば、悟性的立場では無限者と有限者とはたがいにまったく相対立するものとして考えられる。この両者は決して統一されることができない。それゆえわれわれは無限者の規定としての抽象的普遍に固執すれば、有限者の規定としての特殊を否定せざるをえず、また逆に特殊に固執すれば普遍を否定せざるをえない。しかし理性的思惟の立場では普遍と特殊とはもはや決してたがいに他を否定し合うような矛盾的規定ではなく、むしろたがいに他から離れて存しえない規定として認識されるのである。両者の矛盾は止揚されるのである。

特殊を含んだ普遍こそ真の普遍であり、具体的普遍にほかならない。しかしこの具体的普遍というような考えは、悟性的思惟によっては考えることのできないものであるから、われわれがあくまでも悟性的思惟の立場に立って考えるかぎりは、それはどうしても矛盾と考えられねばならない。したがって理性的思惟は、悟性的思惟にとっては矛盾としか考えられないものをそのまま認めてしまうのである。そしてそれは理性的思惟にとってはもはや矛盾ではないのである。ヘーゲルの弁証法が矛盾律を否定するものであると考えるのは、そう考える人自身がなお悟性的思惟の立場にとらわれていると言わねばならない。

矛盾の論理

右に述べたように、私はヘーゲルの弁証法とは本来認識の三段階的展開の仕方を意味するものであり、それは決して矛盾律を否定し矛盾の存在を認めるような特別な論理ではないと考える。このような解釈はふつうの弁証法の解釈とは異なっているが、しかし、たとえば『精神現象学』において述べられている「感覚的確実性」から「絶対知」にいたるまでの弁証法的展開が、本質的に認識の展開であることはおそらく何人も否定することができないのではないであろうか。それは感覚という最も低い認識の段階から絶対者についての認識に到達するまでの認識の展開を叙述しているのである。

しかしながら、私はヘーゲルの弁証法についての通常の理解がまったく誤っていると主張するのではない。なぜなら、ヘーゲルにおいて弁証法とはもともと認識の展開の仕方を意味していたと考えられるにもかかわらず、ヘーゲルはこの立場を純粋に貫かず、弁証法というものに他の意味をも含ませてしまっているからである。私の見るところでは、弁証法のこのような意味の転化はヘーゲル哲学の観念論的形而上学によって生ぜしめられているのではないかと思われる。

まず第一に、われわれはヘーゲルにおいて、絶対者というものが歴史においてしだいに自己を実現する、という目的論的歴史観が取られていたことに注意しなければならない。このように絶対者の目的論的展開というものが考えられると、絶対者の本質的構造がすなわち概念と呼ばれるものにほかならないのであるから、歴史の展開は概念の展開として把握されることになるであろう。ところが、さきに述べたような認識の三段階的展開はまさに概念の展開であると解することができる。われわれは悟性的な抽象的概念から出発して、そこに含まれる矛盾を自覚し、理性的な具体的概念へと進んでゆくのである。概念の展開によってわれわれはしだいに真実の認識へと進んでゆくのである。そしてこの点から、ヘーゲルは歴史の展開を認識における概念の展開と同様に考えてしまったのではないかと思われる。

ここにはもとよりヘーゲルの混乱が存すると言えるであろう。認識における概念の展開はあくまでも絶対者についてのわれわれの把握の仕方の展開であって、決して絶対者そのものの展開ではない。ヘーゲルの考えによれば、絶対者は有限者の変化を通じて自己を展開するものなのであるから、われわれが絶対者を把握するためには、まず悟性的思惟から出発してその限界にぶつかり、理性的思惟へと進んでゆかねばならないというのである。そうであるとすれば、もしも歴史のうちに絶対者は自己を展開してゆくというヘーゲルの考え方を認めるとしても、この絶対者の客観的展開の過程が認識におけるわれわれの概念の展開の過程と同じである必然性はまったくないと言わねばならない。

しかしそれにしても、ヘーゲルがこの両者を結びつけて考えてしまったことに対してもわれわれは十分の理解を持ちうるのではないであろうか。なぜなら、われわれの認識の進展によって絶対者の本質はしだいに自覚されてゆくのであるが、歴史における絶対者の展開も、絶対者がその本質をしだいに自覚的に実現してゆく過程と考えられているからである。すなわち、ここにはヘーゲルのうちに混乱が存することは否定できないが、しかしその混乱はきわめて自然に生じうるものであったと言えると思われるのである。

だがこのように歴史の過程そのものが弁証法的過程と考えられるようになると、ここに弁証法というものの性格がはじめとは異なってくることは言うまでもないことであろう。なぜなら、ここでは歴史的展開の第二段階において矛盾が現実に存在するということになってしまうからである。弁証法が認識の展開の仕方として理解されている場合には、矛盾律は決して否定されるものではなかった。矛盾を認めることができないからこそ、認識は第二の矛盾的段階を越えて、第三の矛盾の止揚の段階へと進まねばならないのであった。ところが、歴史の展開過程に弁証法という考え方を適用するようになると、矛盾は歴史の過程のうちに現実に存在するのである。

もとよりこの場合といえども、矛盾は決して最終的なものではない。矛盾的な第二段階は矛盾の止揚である第三段階に移らねばならないのである。しかし、それにしてもとにかくわれわれは矛盾が現実に存在するということを認めねばならない。こうして弁証法は存在のうちに矛盾が存すること、存在そのものが矛盾的構造を持つということを認める矛盾の論理という性格を与えられることになるのである。そして弁証法は矛盾律を否定する特別な論理であると考えられるようになる。

歴史の弁証法的展開という考え方は一般的に受け入れられやすい考え方であると言えよう。それゆえに、ヘーゲルの弁証法というと、すぐこの意味での弁証法が理解されがちであると言える。そしてまたヘーゲルにおいて弁証法がこういう意味を持つことはいま述べてきたとおりである。しかし、私の見るところでは、この意味での弁証法はヘーゲルにおいて本来的なものではない。それは歴史のうちに絶対者の概念がしだいに自己を具体的に実現してゆくという考え方の上に生じたものであった。「概念」というものが実体化され、それが自己展開をするという形而上学的な考え方が存してこそ、はじめて成り立つ考え方であると言わねばならない。

こうしてヘーゲルにおいて弁証法というものが認識の弁証法から、存在のうちに矛盾的構造を認める矛盾の論理としての弁証法に移ったのは、その根底に「概念」というものの実体化という形而上学的思想が存すると思われるが、このようにひとたび概念の実体化が行なわれると、弁証法というものはさらにその意味を転じて形式的なものになってゆく。それはすなわち、「概念」というものを基準として、いろいろの対象を考察し、それらの対象がどれだけこの「概念」を実現しているかによって、対象の価値的序列を定めようとするものである。

「概念」とはヘーゲルの場合、もともと絶対者、すなわち精神について考えられたものであった。具体的普遍という規定はみずから生成発展してゆく全体者について最もよくあてはまるものであったのである。ところがこの「概念」というものが実体化され、いわばこの「概念」の自己実現ということが神の摂理の目ざすところだと考えられるようになると、いっさいの事物はこの「概念」を基準として価値づけられ、その頂点に精神をすえる系列と考えられるようになる。自然はこの「概念」を真に実現していないから、精神以下のものとされ、さらに自然の内部においても、力学的自然よりは物理的自然が上位に位し、物理的自然よりはさらに有機体的自然のほうが上位に位するというように考えられる。

しかしこのような序列づけがほとんど無意味であることは言うまでもないであろう。それはただ「概念」を実体化し、それを基準として考えることによってのみ成り立つ序列である。そして「概念」はもともと精神について考えられたものなのであるから、いっさいの事物はなんらかの意味で精神的な要素を多く持つにしたがって価値高いと考えられるのは当然のことにすぎないのである。しかし、とにかくひとたび「概念」の実体化が行なわれると、このような考え方が生じてくるのも決して理解できないことではないであろう。

しかし、このように考えられると、弁証法はふたたびその意味を変えてくる。歴史の弁証法的展開という場合には、それは時間的な展開であったが、今度の場合はそうではない。弁証法的展開はいろいろの対象の構造の概念的な展開にすぎないのである。たとえば力学的自然がそのうちに矛盾を含み、したがって高次の物理的自然に移行すると言っても、力学的自然そのものが物理的自然に発展してゆくわけではない。あるいは、自然はその矛盾的構造によって精神に移行するといわれても、自然そのものが精神になるわけではない。それはただ諸対象をその有する規定にしたがって、「概念」を基準として弁証法的展開という順序に並べたにすぎないのである。したがってこの場合には、矛盾は対象の構造そのもののうちに固定的に存していることになる。歴史の弁証法の場合に、矛盾は第二段階において存するけれども、それは決して固定的なものではなく、第三段階において解消されてしまうのと比較すると、そこに大きな相違が存すると言わねばならない。それゆえ、ここでは矛盾の止揚ということは実質的にはまったく無意味となる。ある対象の持つ矛盾はなるほど止揚されると言えるかもしれないが、それはその対象自身によって止揚されるのではなく、ただ他の対象がこの矛盾を止揚したような構造を持っているということにすぎないからである。そしてこうなると、弁証法はただ多くの対象に矛盾的構造が存するということを意味するものとなってしまう。それにただまったく抽象的に「概念」を弄んで、その抽象的な規定からつぎつぎに具体的な規定を導き出してゆく形式的な汎論理主義的色彩を持ってしまうのである。

こうしてヘーゲルにおいて弁証法はいろいろ異なった意味を持ってくる。それは、もともとは認識の弁証法であった。そして私はこの意味での弁証法はたしかに十分の意義を持っていると考える。しかしヘーゲルの観念論的形而上学によって「概念」というものが実体化されてくると、弁証法はまず歴史の弁証法という意味を与えられ、さらにまた諸対象の持つ構造のあいだに存する「概念」上の展開という意味に転化する。はじめ矛盾の存在を認めないものであった弁証法は、矛盾の存在を認める矛盾の論理という意味を持ち、さらにまた汎論理主義的な性格をも持つにいたるのである。この意味で、ヘーゲルの弁証法について一般に行なわれている解釈も必ずしも全面的に誤っているとは言うことができない。ただわれわれはヘーゲルの弁証法はもともと決してこういうものではなかったということを十分注意することが必要であろう。

しかし、とにかく実際上、ヘーゲルの弁証法にはこのような多くの意味が与えられている。そしてこの混乱こそ、弁証法によって貫かれているヘーゲル哲学をきわめて難解なものとしている原因ではないかと思われるのである。

5　体系の概観

以上述べた根本思想と弁証法という方法によって、ヘーゲルはその壮大な哲学体系を打ち立てたのであるが、それは、前に述べたように、『エンチクロペディー』において展開されている。ヘーゲルの体系は、「論理学」「自然哲学」および「精神哲学」の三部より成っているが、われわれは、いまやこの体系についてそのごくだいたいの輪郭を見なければならない。

(1) 論理学

ふつうに論理学と言われるとき、われわれは形式論理学を理解する。形式論理学とは言うまでもなく、ただわれわれが正しい判断、正しい推理を行なうために必要な形式的な規則などを考察するものであって、判断あるいは推理の内容については、これをまったく捨象するのである。

ところが、ヘーゲルの論理学というのは決してこういうものではない。それは真の実在――そして真の実在とはヘーゲルにおいては絶対者のことにほかならないが――を把握するためのカテゴリーの弁証法的展開を叙述したものである。

ヘーゲルはまず「有」(純有)というカテゴリーから出発する。しかし絶対者について、たんにそれが「有る」と言ったところで、それによって絶対者が具体的につかまれているのでないことは言うまでもないことであろう。絶対者ならずとも、どんな有限的な事物、感覚的にとらえられる対象についても、それが「有る」ということはできる。あるいはむしろ、われわれが日常「有る」と考えているのは、このような感覚的事物であると言えるであろう。それゆえ、われわれが絶対者を具体的に把握するためには、「有」というカテゴリーはさらに具体的なカテゴリーに移ってゆかなければならない。こうしてヘーゲルは「有」というカテゴリーから出発して、しだいにそれが弁証法的展開によって具体的なカテゴリーに移ってゆき、ついに絶対者を把握すべき「絶対的理念」という最も具体的なカテゴリーにいたるまでの過程を叙述するのである。

それゆえ、これは論理学とは言っても、絶対者についてのカテゴリーの展開を論じたものであり、哲学の伝統的な用語をもちいるならば、「存在論」とでも言うべきものにほかならない。このような性格を持つものを論理学と呼ぶことは解しがたく思われるかもしれないが、しかしこの点については、ヘーゲルにおいては、思惟というものは常に対象をそのあるがままにとらえるべきものと考えられていることを思い起こすべきであろう。思惟は決してそれ自身のうちに固定した論理を持つものではないのである。そうであるなら、論理というものは第一義的には対象の論理を意味することになるのは当然のことであろう。ヘーゲルが、真の実在を把握すべきカテゴリーについての考察を論理学と名づけたのは、このゆえにほかならないと考えられる。

さてこのようにヘーゲルの論理学は「有」（純有）にはじまるカテゴリーの弁証法的展開を述べたものであるが、この弁証法的展開がどういう性格のものであるかは、いろいろ解釈の分かれるところである。

ふつうには、この論理学における弁証法は汎論理主義的に解釈されているようである。すなわちヘーゲルはここでカテゴリーを考察することによってそのうちに含まれる矛盾を指摘し、この矛盾によって必然的につぎのカテゴリーが生じてくるということ、つまりカテゴリーとしての概念が自己展開をしてゆくということを考えているというのである。そしてこのような解釈はたしかに「論理学」におけるヘーゲル自身のことばによっても確証されるように思われる。たとえば、彼は『大論理学』の結論において、論理学は純粋理性の体系、純粋な思想の国として把握されるべきであり、それゆえその内容は「自然および有限的精神の創造以前の、その永遠の本質における神の叙述である」と述べているのである。このようなことばは、あたかもヘーゲルがまったく現実というものを顧慮せず、ただ神のうちにおける概念を考察し、その概念がしだいに自己自身によって展開してゆくと考えていたように解せられるであろう。

さらにまた論理学における最初のカテゴリーの弁証法的展開は、一般によく知られているように、有—無—成というものであるが、この部分におけるヘーゲルの説明もまた、彼がただ純粋に概念そのものを考察しているような印象を与えるのを否定することはできない。ここでヘーゲルは、だいたいつぎのように論じている。「有」あるいは「純有」という概念はただ「有る」と言うだけであって、何も具体的な規定を与えるものでないから、それは「純粋な無規定性であり空虚である」。しかしこのように無規定的で空虚なものは「無」にほかならないから、「有」は「無」と同じものである。こうして「有」は「無」に移行するが、しかし「有」と「無」とはまた異なっているのであるから、ここに「有」「無」の両者の統一である「成」が生じてくる、というのである。このようなヘーゲルの説明が「有」という概念の考察からきわめて強引な仕方で「無」とか「成」という概念をつぎつぎに導き出そうとしているのはきわめて自然のことであろう。

しかし私は、ヘーゲルの論理学は一見以上のような性格を持つように見えるけれども、実は決してそうではなく、本質的には絶対者についてのわれわれの認識の弁証法的展開の過程を叙述しているものであると考える。もとより個々の点においてのヘーゲルの叙述がほんとうに認識の弁証法的展開として無理がないかどうか、論理学の領域においても、他の意味での弁証法、とくに概念の価値的序列の弁証法という考え方が混入していないかどうか、ということは、別の問題である。しかし少なくとも、論理学におけるヘーゲルの意図は絶対者についてのわれわれの認識の弁証法的展開の叙述であったと考えられる。

われわれは、いまここで論理学におけるカテゴリーの展開を詳細にあとづける余裕を持たない。ここでわれわれが取りあげるのは、ただ論理学内部における最も根本的な弁証法的三段階、すなわち有―本質―概念についてのみである。ヘーゲルはその論理学を、第一部「有論」、第二部「本質論」、第三部「概念論」に分けているのであるから、もしこの有―本質―概念の弁証法が認識の展開として理解できるとするならば、ヘーゲルの論理学全体が認識の弁証法的展開の叙述を目ざすものであるということは十分に立証されると思われる。

それでは有―本質―概念の弁証法はどういう意味を持つものであろうか。この点についても多くの人の解釈は分かれるが、私の見るところでは、ヘーゲルがここで考えていることはわれわれのすでに知っていることにすぎない。「有」とはいわば生成変化してゆく有限的事物である。そして「本質」とはこの有限者の変化してゆくなかに、不変化的に自己同一を保っているところのものである。このことはヘーゲルがその「本質論」のはじめのところで、「有」は「本質論」においては、本質に対する仮象となる、と述べていることによって最も明瞭に示されていると言えるであろう。ヘーゲルのことばを引用すると、「有は仮象である。……仮象は有の領域から残った残余のすべてである。しかし仮象はまた本質から独立な直接的側面を持ち、本質一般の他者であるように見える」と言われている。このヘーゲルのことばは相変わらず難解であるが、しかし内容的にむずかしいことを言っているわけではない。

仮象とは存在するように見えながら、実は存在しないものを意味する。すなわち、われわれが存在すると誤って考えているにもかかわらず、実際には存在しないものが仮象と呼ばれるのである。たとえば最も卑近な用い方では錯覚の対象などは仮象にほかならない。さて、仮象ということがこういう意味であるとするならば、ヘーゲルが有というものは本質に対して仮象となると言っているとき、有と本質との対立によって理解されているものは、変化する有限者と、その変化の根底に自己同一的に存在するものとの対立であると考えることができるのではないであろうか。なぜなら、われわれが有限者の変化の根底に変わらざる本質が存在すると考えるにいたると、今度はその本質こそ真の実在と考えて、これに対して有限者の変化は真の実在ではなくたんなる仮象にすぎないと考えるのは、きわめて自然なことであり、また従来の多くの哲学の行なっていることであるからである。ヘーゲルはその「本質論」の書き出しの箇所で、本質というものを「有の背後にあるもの」と考えているが、このような表現のうちにも、ヘーゲルの言おうとするところが何であるかははっきり示されていると思われる。

もしこのように解することができるとするならば、有―本質―概念の弁証法の意味するところはもはや明らかであろう。それはまさに、絶対者は有限者から離れた抽象的普遍ではなく、有限者を含んだ具体的普遍であるということを解明しようとしているのである

われわれはまず有限者こそ真の実在であると考えている。これがすなわち論理学における「有論」の領域である。そしてこのような考え方がわれわれの日常的な見方であり、きわめて常識的なものであることは言うまでもないであろう。われわれは日常、感覚的な変化的な事物の存在を承認しているが、このような立場が「有論」の立場なのである。

しかし、われわれの認識はやがてこの段階を越えてゆく。われわれは絶えず変化してゆく有限者の根底に変わらざる本質が存するということに気がつくのである。このような考え方もわれわれの常に行なっているところのものであると言えよう。たとえばソクラテスが生まれてから死ぬまで変化していっても、その根底にソクラテスという同一の人間があると考えるような場合、われわれはすでに有限者の変化の根底に、変わらざる自己同一的な本質というものを考えているのである。この考え方をもっと有限者全体に拡張して、あらゆる有限者は絶えず変化してゆくけれども、その変化の根底に変わらざる同一の本質があると考えるのが「本質論」の立場であり、このような立場が、すでに述べたように、有限者と無限者とを対立するものと考える、カントやフィヒテに、そしてまたシェリングにも共通な立場なのである。このような立場では、この不変化的な本質こそ真の実在であると考えられるから、有限者はもはや真の実在とは考えられず、したがってそれは「仮象」と考えられるにいたるのである。

しかしこの本質はもとより悪無限としての無限者にほかならないから、それがなお真の無限者でないことは言うまでもない。それゆえ、われわれは、有限者は無限者から離れて存在するものではないこと、有限者はむしろ無限者自身の現象であり、無限者は有限者の変化を通じて自己同一を保つものであることをしだいに認識するにいたる。これが「概念論」の立場である。概念とは有と本質との統一であり、その総合である。こうしてわれわれはヘーゲルの真無限としての絶対者の認識に到達するのである。

このように考えてくると、ヘーゲルの論理学が、通常そう解せられるように、まったく現実とは無関係に、概念がそれ自身のうちからつぎつぎに新しい概念を展開してゆくというような、わけのわからない形而上学的思想によって成立しているものでないことは言うまでもないことであろう。それは、われわれの認識の弁証法的な展開過程の叙述であり、そしてまた内容的には、それはすでにわれわれがヘーゲル哲学の根本思想として知っていることにほかならないのである。

しかしそれでは、さきに述べた論理学の最初の弁証法、有―無―成、はどうかとたずねられるかもしれない。この弁証法はたしかにヘーゲル自身の説明では、ただ強引な概念の導出としてしか解釈できないようにも思われる。しかしこの場合でもおそらくヘーゲルの意図するところはもっと常識的なことなのではないかと考えられる。われわれはこの弁証法が「有論」のうちに位置する最初の弁証法であることに注意しなければならない。このことは、この弁証法的展開が変化する有限者に関するものであることを示しているであろう。そうすれば、この弁証法における成とはまさに生成変化ということなのではないであろうか。そして成が生成変化であるとすれば、有と無が成というもののうちに含まれる二つの契機であることは言うまでもないことであろう。生成変化とはまさに有るものが無いものになり、また無いものが有るものになるということにほかならない。われわれは或るものをまず有ると考える。しかしそれはすぐ無いものになってしまう。あるいはまた無いものは有るものになる。なぜなら、有限者は絶えず移り変わっていっているからである。そしてわれわれはこの有から無への、また無から有への移りゆきを成として把握するのである。

有―無―成の弁証法についてのヘーゲルの説明はきわめて抽象的であるけれども、しかしその真意はこのように解すべきではないであろうか。われわれはヘーゲルが有と無とは無規定的であるから同じであり、有は無であり無は有であると言いながら、しかしこの両者が異なったものであるということをはじめから前提していることに注意しなければならない。もしも有と無とが無規定的であるがゆえにまったく同一であると言うなら、有と無から成という異なった第三のカテゴリーが生じてくるはずはない。有と無とがちがえばこそ、有と無の総合として成が生じうるのである。そして有と無とが異なると考えられているのは、まさに有るものが無いものになり、無いものが有るものになるというように、有と無とが生成変化の二つの異なる契機として考えられていることにほかならないと思われる。

こうして私の解するところによれば、有―無―成の弁証法も論理学全体の有―本質―概念の弁証法の内部に矛盾なく含められるのであり、したがって論理学全体を本質的に認識の弁証法的展開と解釈することは十分可能であると思われる。このように解してのみ、ヘーゲルの論理学は、通常のあまりにも神秘的な形而上学的解釈から解放されて、正当に理解されるのではないかと考えるのである。

なお最後に、論理学は絶対者についてのカテゴリーの展開であると言いながら、「有論」においてヘーゲルが有限者について考えていたと言うのは不整合ではないかと思われるかもしれないので、この点について一言しておこう。

このことは決して不整合ではない。なぜなら、たしかにヘーゲルは「有論」において有限者についてのカテゴリーを考えているのであるが、しかし、これらのカテゴリーはまた絶対者についてのカテゴリーとも言えるからである。われわれは絶対者について、それが有る、とも言えるし、また、それは無であるとも、それは成であるとも言うことができるのである。ヘーゲルの絶対者が有限者を自己のうちに含むものである以上、有限者についての規定がまた絶対者についてもあてはまるのは当然のことでなければならない。ただ有限者についてあてはまるカテゴリーは、絶対者についての十全的な規定でないことはもとよりである。そして、それだからこそ、「有論」は「本質論」に移り、さらに「概念論」に移ってゆかねばならないのである。

(2) 自然哲学

ヘーゲルの哲学体系において第一部「論理学」につづくのは、第二部「自然哲学」であるが、この「論理学」から「自然哲学」への移りゆきがどういう意味を持つかということは非常に困難な問題である。

さきに述べたように、「論理学」の内部においてすでにわれわれは概念の立場に到達した。概念の立場とは絶対者を有と本質との総合として、すなわち有限者と抽象的な無限者との総合として把握する立場であり、ここに絶対者は真無限として把握されたのである。「概念論」の最後の段階である「絶対的理念」というカテゴリーは、まさにこの真実の無限者を十全的に規定するものであったのである。このようにわれわれが「論理学」の内部においてすでに絶対者についての最高の認識に到達してしまっているとするならば、どうして「論理学」からさらに「自然哲学」に移ってゆく必要があるのであろうか。「自然哲学」はヘーゲルの体系のうちにおいて、いったいどういう位置を占めているのであろうか。

この点についても、一般に行なわれている解釈は汎論理主義的な解釈であろう。この解釈によれば、ヘーゲルにおいては、まず概念というものがいっさいの現実とは無関係にどこかに（おそらく神の思想のうちに）存在し、この概念がみずから弁証法的に展開してまず自然となり、つぎに精神となってゆくというのである。われわれはこのような解釈がまったく誤っているとは言えないであろう。ヘーゲルのうちに概念というものを実体化する傾向が存することはすでに見たとおりであるし、またヘーゲル自身の叙述はいかにもこのような解釈を正当づけているように解しうるからである。たとえば、「論理学」が「自然および有限的精神の創造以前の、その永遠の本質における神の叙述」とされていることはすでに述べたが、これに対してヘーゲルは自然というものを「外的理念」とか「理念の他在」とか称しているのである。このようなことばは、まず神のうちに存する理念が外面的にあらわれたものが自然であり、自然は理念が自己の外に出て他となったものにほかならないという汎論理主義的解釈の正しさを証拠立てているように考えられることを否定することができない。

しかし、もしもこのような解釈が正しいとするならば、ヘーゲルの全哲学はまったくおとぎ話的なばかげた形而上学と解されねばならないであろう。ヘーゲルのうちにこのような形而上学的傾向が存することは否定できないとしても、しかしわれわれはこれこそヘーゲルの真意であったとはたして断定できるであろうか。私はこの点についてもまた、通常の解釈とは異なった見方ができるのではないかと考える。

われわれはもう一度「論理学」におけるカテゴリーの展開をふり返ってみよう。そこでは有から本質に、そして本質はふたたび有と統一されることによって概念へと発展した。そしてこのことによってたしかに絶対者についての把握は形式的には完成したと言うことができる。絶対者はまさに有と本質との総合ということによって完全に規定されているのである。しかし考えてみると、このことはまだ決して絶対者の内容までを具体的に規定したということではない。

われわれが絶対者というものを内容的に把握しようとするならば、われわれは決してたんに有と本質との総合、すなわち、有限者の変化を通じて自己同一を保つ無限者という規定に立ちとどまることはできない。われわれはさらに進んで、有限者とは具体的にどういうものであり、絶対者はこの有限者の変化を通じてどういう仕方で自己を展開するのかということを知る必要が存するであろう。このような具体的・内容的認識を欠いては、たんに絶対者を有限者のうちに自己を展開するものと規定したところで、それはただ絶対者についての抽象的・形式的認識にとどまるのである。

そうであるとすれば、われわれはヘーゲルの体系が「論理学」から「自然哲学」に移ってゆかねばならなかったゆえんを理解することができるのではないであろうか。絶対者は有限者の変化を通じて歴史的に自己を展開する。しかし歴史は自然というものと無縁のものではない。いかなる歴史も自然なくしては成立しない。歴史的出来事は自然界のうちにおいて生ずるのであり、われわれ人間の歴史的行動は自然界のうちにおいて行なわれるのである。自然は歴史の成立するいわば素材であり、自然は歴史のうちに契機として含まれるのである。このように絶対者の歴史的展開が自然というものを基礎として行なわれるとするならば、われわれが絶対者の歴史的展開を具体的に把握するためには、自然についての内容的理解が必要であると言えるであろう。ヘーゲルはまさにこのことを自覚し、「自然哲学」を体系の第二部としたのではないであろうか。

　ヘーゲルは『大論理学』の終わりのところで、理念が「有の直接性」に還帰したものが自然であり、その有とは、「充実した有」であると述べているが、われわれはこのように自然が「有」であると言われていることに注意すべきであろう。「論理学」は「その永遠の本質における神の叙述」と言われるように、いわば「本質」に相当する。そして自然は「有」なのである。このことはヘーゲルの考えをよく示しているのではないであろうか。「論理学」においてたしかに絶対者の形式的な規定は認識された。しかしそれはなお具体的内容を欠いているのである。それだからこそ「論理学」は全体としてなお絶対者の本質を明らかにしたものにほかならない。論理学が「自然および有限的精神の創造以前の、その永遠の本質における神の叙述」と言われているのも、こう考えれば十分に理解できるのではないであろうか。

　われわれが絶対者を真に具体的に認識しようとするならば、われわれはこの本質的規定以上に出て内容的な認識へと進まねばならない。そして、われわれは絶対者の「有」の側面を考察しなければならない。これが「自然哲学」なのである。自然はもとより「論理学」のうちにおいて考察された有ではない。それはもっと内容的に考察された有であり、「充実した有」なのである。

こうして「論理学」から「自然哲学」への移行は、私の見るところでは、十分その根拠を持っていると思われるが、しかしそれではヘーゲルの「自然哲学」の内容自身がはたして正しいかどうかということになると、問題はまったく別である。

ヘーゲルが「自然哲学」を、「力学」「物理学」「有機体的物理学」の三段階に分けていることはすでにちょっと触れておいたが、ヘーゲルによれば、これらの三段階の対象はしだいに精神に近づいてゆく序列をなしているものとして考えられているのである。「力学」の最初の対象は空間であり、「有機体的物理学」の最後の対象は動物的有機体である。空間は最も精神から遠く、動物的有機体は最も精神に近い。そしてこの二つの極のあいだにすべての自然的対象が位置づけられるのである。しかしこのような考えが概念の実体化から生ずる概念の弁証法であり、なんら根拠あるものでないことは改めて言う必要も存しないであろう。ヘーゲルの「自然哲学」がその体系のうちで最も価値なき部分と一般に考えられているのも当然であると言わねばならない。

(3) 精神哲学

ヘーゲルの体系の第三部は「精神哲学」であるが、「自然哲学」から「精神哲学」への移行は比較的容易に理解されるであろう。さきに述べたように、「論理学」が「本質」に当たり、「自然哲学」が「有」に当たるならば、「精神哲学」が「概念」に当たることは言うまでもない。そしてこのことはヘーゲル自身（たとえば『エンチクロペディー』三八一節など）はっきり認めているところである。精神は自然なくしては存在しない。自然は精神の成立の基礎である。しかし精神はもとより自然以上のものである。それは自然を基礎としながら、歴史的に自己を展開してゆく絶対者である。「精神哲学」において絶対者は、「論理学」におけるように、たんにその形式的・本質的規定においてではなく、内容的に具体的にとらえられるのである。絶対者の真の概念的把握は「精神哲学」においてはじめて成しとげられるのである。

さて、ヘーゲルは「精神哲学」を、主観的精神、客観的精神、および絶対的精神の三部に分けている。

主観的精神とは要するに個人的精神であり、ヘーゲルはここで個人の精神のうちにあらわれる種々の能力を、その最も低い段階から高次の段階にいたる序列をなすものとして叙述している。すなわち、ヘーゲルは低次の能力から高次の能力にいたるにしたがって、精神の本質がしだいに完全に実現されていると考えているのである。このような考え方が「自然哲学」の場合と同様の考え方であることは言うまでもないことであり、したがって精神の「概念」をあらかじめ考えて、それを標準として多くの能力の序列を定めるという、「概念」の弁証法の傾向を持つことは否定できないであろう。しかし「自然哲学」においては多くの異なった対象のあいだに序列的段階が考えられていたのに対して、この主観的精神において考えられている諸能力のあいだの序列的段階はあくまでも同一の主観的精神のなかでの区別である。種々の能力が異なった対象として並列的に存しているわけではない。おのおの個人的精神のうちにこれらの能力はすべて含まれているのである。それゆえ、主観的精神の場合には、この序列的段階はまた精神の本質に対するわれわれの認識の弁証法的展開とも考えられるのではないであろうか。しかし、この点についてのヘーゲルの考え方はきわめてあいまいであると言わねばならない。

ヘーゲルは主観的精神を「心」「意識」「精神」の三段階に分け、それぞれ「人間学」「精神現象学」「心理学」の研究対象であると考えている。

「人間学」は「心」をその研究の対象とする。「心」は主観的精神の最も低次の段階であるが、これはまだ真の意味で人間的とは言えないような、半ば無意識的な、それゆえにほとんど動物的な段階を越えていないものである。

ヘーゲルによると、心はまずたんに自然の影響を受けていわば自然とともに生活する「自然的心」である。これは気候の差や季節の変化などをぼんやりした気分として感ずる心である。そしてこのような自然的心によって種々の人種の相違、また人種の性格の相違が生じてくると説かれている。つぎの段階は「感ずる心」と言われているが、ここでは心は感覚し、また快・不快などを感ずるものとなり、またおぼろげながら感ずる主体としての心自身を自覚する。そしてこのような自覚がはっきりしてくると、心はさらにつぎの段階の「現実的心」に移る。「現実的心」においては自我と感覚の対象とが区別されてくるが、ここにいわゆる意識が生じているといえよう。そしてこの意識の研究はすでに「人間学」の領域に属するものではなく、つぎの「精神現象学」の領域に属するのである。

「精神現象学」は「意識」を対象とする。「意識」の最初の段階は、通常の意味での意識、ヘーゲルによって「意識そのもの」と呼ばれている意識である。ここでは感性的意識から知覚へ、さらに悟性へという意識の展開が述べられているが、この意識の展開とともに対象はしだいに真に認識されてゆき、また同時に認識する主体としての自己が自覚されてくる。こうしてつぎの段階は「自己意識」であるが、ここではしだいに自分のみが自己意識であるのではなく、他人もまた同様に自己意識であることが自覚され、われわれはたんなる自己の欲望を否定して、自己の普遍的性格を認識するにいたる。これが第三の「理性」の段階である。

このように、『エンチクロペディー』ではたんに意識のみを対象とする学問が「精神現象学」と考えられているのであるが、これがヘーゲルの最初の主著である『精神現象学』と大きく異なっていることは言うまでもない。主著の『精神現象学』では、はじめの出発点は『エンチクロペディー』の「精神現象学」の場合と同様であるが、さらに広く『エンチクロペディー』における「客観的精神」や「絶対的精神」についての考察も含まれていると言えよう。「精神現象学」という名称はヘーゲルにおいて広狭二つの意味に用いられているのである。「精神現象学」につづく主観的精神の第三の、そして最後の段階はヘーゲルによって「心理学」と呼ばれるものであるが、それは「精神」をその考察の対象とする。これは前の「理性」の段階で到達された見方、すなわち自己は普遍的な理性のあらわれにすぎないという見方から主観的精神を取り扱うものと言えよう。ヘーゲルはここでまた「理論的精神」を、ついで「実践的精神」を考察しているが、要するに精神は自己の普遍性を実現しようとするが、このことはついに主観的精神の段階では行ないえない。真に普遍性を実現するためには、精神は自己自身を意志しなければならないが、ここに、たんなる主観的精神でなく、客観的な世界のうちに実現している客観的精神をとらえねばならない。このことを自覚するのが「自由な精神」と呼ばれる段階であり、この段階によって「主観的精神」の部門は完結し、つぎの「客観的精神」の部門に移ってゆくのである。

「客観的精神」の部門は、もはやたんに個人的ではなく、客観的に世界のうちに実現している精神の考察である。ヘーゲルの絶対者が、歴史のうちに自己を実現してゆくものであることはすでにくり返し述べてきたところであるが、客観的精神とはこの歴史のうちにあらわれているかぎりでの絶対者を意味すると言えるであろう。したがってヘーゲルの絶対者観から言って、この「客観的精神」の部門はヘーゲル哲学において本質的意義を持つものであることは言うまでもない。またこの客観的精神という思想が、ヘーゲルのような目的論的歴史観に賛同すると否とを問わず、後世に大きな影響を与えていることも多くの人の一致して認めるところであろう。しかし、この「客観的精神」の部門の内容は、『法の哲学』にほかならないので、この点についてはのちに触れることにしたい。

ヘーゲルは精神哲学の最後に「絶対的精神」という部門を置いている。しかし「客観的精神」から「絶対的精神」への移行をどう解釈すべきかはむずかしい問題である。ヘーゲルの絶対者は歴史を離れて存するものではないから、客観的精神を除いてどこかに絶対者が存するわけではない。また、一方ヘーゲルが「絶対的精神」の箇所で取り扱っているのは芸術・宗教および哲学であるが、これらのものも歴史的に展開するものであることは言うまでもない。それゆえわれわれは絶対的精神と客観的精神とを全然分けてしまうことは不可能であろう。

ヘーゲルが考えているのはおそらく、絶対者は客観的精神のうちに自己をあらわしているのであるが、ただそこではなお絶対者が何であるかということは真に自覚的にとらえられていないのに対して、絶対的精神においては絶対者についての具体的把握が自覚的に行なわれるということではないであろうか。絶対者は客観的精神として自己を展開するが、客観的精神は超個人的なものであり、決して主観的精神のように意識を持つものではないから、ここではなお絶対者の真の姿は自覚されていないとも言えるであろう。この絶対者の真の姿は芸術や宗教や哲学において自覚的にとらえられるのであり、この意味で絶対的精神は客観的精神以上のものであると考えられているのであろう。そしてヘーゲルは、絶対者・神は芸術においては直観的に、宗教においては表象的に、哲学にいたってはじめて真に概念的にとらえられると考えた。こうして哲学こそ絶対者の真実の把握であるということになるのである。

6 『精神現象学』序論と『法の哲学』

いままでわれわれはヘーゲル哲学の根本思想とその体系についてその大要を述べてきたのであるが、以上のことを前提として、つぎに、『精神現象学』序論と『法の哲学』について若干の解説を試みておこう。

実体と主体

『精神現象学』の「序論」は、たんに『精神現象学』という書物に対する序論という意味を持つにとどまらず、さらに広く、ヘーゲル哲学の根本的な考え方を述べたものであると言うことができる。むしろヘーゲルはこの「序論」において、はじめて自分の独自の思想を盛りこんだ『精神現象学』を出版するにあたって、自分の考え方の特徴をまず簡潔に表明しておこうと考えたのであろうと思われる。

それゆえ、この「序論」はヘーゲルの考え方を知るためには最も適当なものであるとも言えるのであるが、しかしその文章はヘーゲル一流の晦渋な表現に満ちており、その真意を捕捉するのは決して容易なことではない。われわれはともすれば、ヘーゲルの難解な叙述を前にしてただ途方にくれてしまうのである。

しかし、このようにヘーゲルの文章は不明瞭きわまるものであるけれども、この場合もそのなかで彼が言おうとしていることは、そう理解しにくいものではないのではないかと考えられる。われわれはすでにヘーゲルの根本思想について知っているわけであるが、この「序論」のなかで言われているのも要するにわれわれのすでに知っていることにほかならないのである。さきに述べたように、この「序論」がヘーゲルの根本思想を表明したものであるとするならば、このことはむしろ当然のことであろう。

この「序論」のなかでヘーゲルが言おうとしている最も本質的なことは、「真なるものはたんなる実体《ズブスタンツ》ではなく、同様にまた主体《ズブエクト》である」ということであると思われる。それではこのことは何を意味するであろうか。実体とか主体とかいうことばが突然用いられているので、一見むずかしいような印象を与えるかもしれないが、しかしこのことばによって意味されているのはまさにヘーゲルの絶対者観にほかならない。ヘーゲルによれば、絶対者とは、シェリングの場合のように有限者から離れて、有限者の背後に自己同一的に存するものではなくて、有限者のうちに自己を展開するものであった。

すなわち悪無限ではなく真無限であった。実体というのはこの悪無限としての絶対者であり、主体というのは真無限としての絶対者を意味すると考えられる。そうすれば、ヘーゲルが真なるものを実体としてのみならず、主体としてとらえねばならないと主張するとき、その言おうとするところが何であるかは容易に理解されるであろう。それは要するに、絶対者を悪無限としてでなく真無限としてとらえるべきであるということにほかならないのである。

実体が悪無限としての絶対者を意味することは容易に了解することができるであろう。たとえばスピノザ哲学における実体という概念を考えてみよう。スピノザにおいては実体とは言うまでもなく神であるが、それは厳密な意味では何一つ規定することのできないものである。なぜなら神は無限者であるが、規定するということはこの無限者を有限化するということになってしまうからである。このような実体という概念がまさに有限者を離れて存する抽象的な無限者にほかならないことは言うまでもないであろう。シェリングの同一哲学はしばしば新スピノザ主義と言われるように、スピノザ哲学ときわめて類似した点を持っている。シェリングの絶対者はスピノザの実体と、その抽象的無限者という点で、まったく等しいと考えられる。この「序論」でシェリング哲学からの独立を宣言しようと意図しているヘーゲルにとって、絶対者をたんに実体としてとらえる考え方こそ最も強く否定されるべきものであったのである。

これに対して、真無限、すなわちヘーゲルの考えるような絶対者を主体と称する理由は必ずしも明瞭ではないが、しかしここにはおそらく二つの理由が存しているのではないかと考えられる。一つは有限者の変化を媒介として自己を展開してゆく絶対者というものがわれわれ自身の主体というものと類比的に考えられるからであろう。人間の主体というものは、もとより有限者の変化を媒介とする自己同一者である。生まれてから死ぬまで、種々の段階を経て発展してゆきながら、ソクラテスは終始ソクラテスなのである。われわれがソクラテスが何であるかを知ろうとするならば、その生涯におけ る変化の全体のうちにあらわれる展開を把握しなければならない。そうすれば絶対者についても事情はまったく同様であると言えるであろう。有限者の変化を媒介として自己を展開する絶対者を、主体として把握したのはこのゆえであると考えられる。このことはヘーゲルがこの「序論」のなかで、実体が本質的に主体であるということは、絶対者を精神と言いあらわすという考え方のうちに表現されている、ということを述べていることによって示されていると言えよう。人間的主体はもとより通常精神と考えられる。この精神という名称を絶対者に対して与えるところに、絶対者を主体として把握するという考え方があらわれているのである。ましてヘーゲルは絶対者の本質を理性と解し、この理性は歴史のうちにしだいに自己を実現すると考えたのであるが、このように絶対者が自己の目的を実現してゆく働きを持つものとして考えられている以上、人間的主体との類比関係はさらにいっそうよく成り立つことになるのは言うまでもない。

絶対者を主体と考えるもう一つの理由は主語と述語との関係ということではないかと思われる。主体（Subjekt）ということばはもとより主語という意味をも持つが、この「序論」のなかでヘーゲルが言っているように、主語の何であるかは述語によってはじめて示されるのである。たとえば「神は……である」という文章においても、述語を除いては、神という主語はなんの意味をも持たない。主語である神というものを理解するためには、われわれは神という主語について述べられる多くの述語を知らねばならない。ところが述語を与えるということは、主語を規定し有限化するということにほかならない。それゆえ、絶対者を主語（主体）として把握するということは、多くの有限的規定を媒介としての自己同一者として把握することと同じである。絶対者が実体として把握されるならば、それはいっさいの規定を超越しているのであるから、それについては何一つ述語を与えることもできないであろう。それゆえ実体としての絶対者は主語ではない。真無限としての絶対者のみ主語として把握されるのである。

こうして絶対者をたんに実体としてでなく、主体として把握するということは、まさに絶対者は悪無限ではなく真無限である、というヘーゲルの根本思想の別の表現であると考えられるが、この点が理解されれば、「真なるものは全体である」というようなヘーゲルのことばもまたただちに理解されるであろう。なぜなら、絶対者は有限者を含み、そのうちに自己を展開するものであるがゆえに、まさに全体であるからである。ヘーゲルにおいては、すべてはこの全体、すなわち絶対者のうちにおいて考察されなければならないのである。

ヘーゲルがこの「序論」のなかで述べようとしているもう一つのことは、この絶対者観から必然的に導き出されてくる哲学的認識の方法である。しかしこの点についても、われわれはすでに述べておいた。そしてこの「序論」において言われていることも、要するにそれ以上のことではないのである。

われわれがすでに見たように、絶対者というものがヘーゲルの考えるような真無限であるとするならば、絶対者についての認識は当然、悟性的認識を含んだ理性的認識でなければならない。有限者についての認識は絶対者の認識にとって不可欠のものである。したがってわれわれは歴史的に展開する個々の有限的現象についての悟性的認識から出発しなければならない。しかし有限的現象は決して絶対者ではないのであるから、われわれがこの悟性的認識にとどまることのできないことは言うまでもない。われわれはこの悟性的認識の限界を自覚して、しだいに高次の立場に向かって弁証法的に認識を展開させてゆかねばならないのである。前にも注意したとおり、この認識の弁証法というものがヘーゲルのような絶対者観を取らなければ成立しないものであるかどうかについては問題が存する。しかし少なくともヘーゲルはこの両者は不可分離的に結びついていると考えたのであろう。

ここから、ヘーゲルは絶対者についての哲学的認識においては、たんに「結果」のみが重要なのではなく、その結果にいたるまでの「生成」の過程全体が重要であることを強調する。われわれは認識の弁証法的展開を行なった結果、はじめて絶対者をとらえるのである。そうであるとすれば、われわれがたんに認識の結果のみを取り出すわけにはゆかないことは明らかであろう。われわれは認識の弁証法的展開の過程をたどることによってのみ、われわれの絶対者についての認識の正しさを示しうるのだからである。ヘーゲルはこうして哲学的認識の体系性を強調するのである。

ヘーゲルが、この「序論」においてシェリングに対して激しい非難を行なっているのは一般によく知られるとおりである。たしかにヘーゲルの思想はシェリングとはまったく異なったものであった。ヘーゲルは『精神現象学』において完全にシェリングと異なる独自の立場を見出したのである。シェリングの絶対者は実体であった。そしてそれは有限者から離れて存する自己同一者であるがゆえに、悟性的認識はまったく退けられ、ただ知的直観によってとらえられるものと考えられたのである。ヘーゲルがこの「序論」において、シェリングの絶対者観を暗に目ざしながら、そのなかにおいてはすべての牛が黒くなる闇夜のごときものであると言い、あるいは、シェリングの知的直観に対して、あたかもピストルから発射されるように直接に絶対知からはじめようとするものとあてこすっているなどは、内容的には、少なくともヘーゲルの立場から見るならば、たしかに正しい批判であると言えよう。シェリングの絶対者はそのうちに有限者を含まない空虚な自己同一者であり、またシェリングは知的直観によって絶対者を一挙に把握しようとするからである。

しかしいままで共同の陣営を張っていた盟友シェリングに対する非難のことばとしては、いささか激越であることは否定しがたいようである。ヘーゲルは自己の独自の立場の宣明にあまりに急であったのであろうか。ヘーゲルとシェリングの交友関係が『精神現象学』の出版によって断たれてしまったのも、やむを得なかったのかもしれないと考えられる。

法と倫理

『精神現象学』の「序論」が、ようやくその独自の立場を見出したヘーゲルがその根本思想を力強く表明したものであるのに対して、『法の哲学』はヘーゲル最後の主著であり、具体的な「法」の問題を扱ったものである。

すでに『エンチクロペディー』においてその哲学体系を完成したヘーゲルは、その「客観的精神」の部門をこの『法の哲学』においてさらにいっそう詳細に展開したのである。ヘーゲルの叙述は、「法」というような具体的問題を取り扱っても、決してわかりやすいものとは言えないが、しかしとにかく対象が対象であるだけ、ヘーゲルの著書のうちでは比較的わかりやすいものであり、また実際当時の哲学界にきわめて大きな影響を与えたのである。

ヘーゲルがベルリン大学に移った事情については前述したとおりであるが、ヘーゲルが『法の哲学』を執筆したのも、自分に与えられた使命に答えようとしたためであろう。彼はその当時の風潮に反対し、青年たちに「法」について理性的に思惟することを教えようとしたのである。『法の哲学』の「序文」はこのような時代的背景の上に成立したものであった。

当時ドイツに、ドイッチェ・ブルシェンシャフトという愛国的な学生団体が結成され、一八一七年ヴァルトブルクでその祭りを開き、好ましからざる書物を焼いたりしたことはすでに述べたが、この運動は諸大学の若干の教授たちによっても支持され、イエナ大学の哲学教授フリースなどもこの祭りに参加し、これも「序文」のなかでヘーゲルによって引用されているような演説を行なって、学生たちを激励したのであった。この運動はさらにその後極端化し、自己の内心の確信さえあればいかなることをしてもさしつかえないという思想さえ生ずるにいたった。そしてこの団体に属するザントという学生が、一八一九年三月、その著書がヴァルトブルクの祭りで焼かれ、またロシアのスパイではないかと疑われていた当時著名の詩人コッツェブーを殺害するという事件が起こったのである。ヘーゲルがベルリン大学に移ってから約半年後のことであった。

この事件は世間の人々に大きな衝撃を与え、ザントのように純粋な愛国の至情より発した行為がふつうの意味での殺人と言えるかどうかという問題が論ぜられたが、当時の世論はこの問題に否定的な解答を与える方向に傾いていた。たとえばフリースの友人であり弟子であるベルリン大学の神学教授デ・ヴェッテはザントの母に宛てて、ザントの心情の純粋さを賞讃し、その行為を是認する慰めの手紙を書いたのである。そのなかの一節にはこう書かれている。「ご子息はそれを正しいと考えられたのであり、それゆえ正しく行為されたのです。すべての人はただ自分の最善の確信によって行為すべきです。そうすればその人は最善のことをなすのです」(トライチュケ『十九世紀ドイツ史』第二巻による)。

プロシア政府はこのザント事件に驚き、ドイッチェ・ブルシェンシャフトの運動に同情を寄せていた教授たちを弾圧しようとした。フリースはヴァルトブルクの祭りの演説で学生たちを煽動したという理由で休職を命ぜられ(一八二四年復職)、さらにデ・ヴェッテはザントの母に宛てた手紙が発見されて解職された。その他この運動に同情的であったシュライエルマッハーの説教なども監視づきで行なわれるようになったということである。このような当局の態度は当然教授たちによって、学問の自由を抑圧するものとして受け取られ、ベルリン大学は当局と対立するにいたり、教授たちは生活の資を失ったデ・ヴェッテのために募金を行ない、ヘーゲルもこの寄付に応じた。

しかし、ヘーゲルは決して他の教授たちと意見を同じくしていたのではなかった。一八二〇年はじめのある会合で、ヘーゲルはシュライエルマッハーに反対して、デ・ヴェッテに対する当局の措置は正当である、ただ当局はデ・ヴェッテの俸給まで取りあげるべきではなかったから、自分は自分としては多大の寄付をしたのだという自己の意見を表明したのである。ヘーゲルとシュライエルマッハーのあいだには激しい口論が行なわれ、シュライエルマッハーは、ヘーゲルの見解を学問の自由を尊重しない賤しむべきものであるときめつけた。二人がナイフで渡りあったという噂さえ流れたと言われている(ローゼンツヴァイク『ヘーゲルと国家』による)。

われわれは、『法の哲学』の「序文」を読むにあたって、このような時代の背景に注意しなければならない。ヘーゲルがフリースの名を個人的にあげて、「浅薄さの将帥」として痛罵していること、あるいはまた、哲学はいまやギリシアにおけるように私的な技術として行なわれているのではないから、政府が誤った自称哲学に注意を向けるにいたったのも当然であると言われていること、あるいはさらに、そのような哲学が公然たる破綻（ザント事件をさす）にぶつかったのは学問にとって幸いであると述べられていることなど、すべてこの背景なくしては理解できないことであろう。いやむしろこの「序文」全体が、ドイッチェ・ブルシェンシャフト的な考え方、たんに心情の純潔さのみを重んずる考え方に対する、激しい非難のことばによって成り立っているとさえ言えるであろう。

このことさえ理解すれば、この「序文」に述べられていることは、すでにヘーゲル哲学の根本思想について知っているわれわれにとって、それほどわかりにくいものではないであろう。ヘーゲルの言おうとすることは要するに、現実を支配している理性的法則を概念的に把握すべきであるということである。たんに頭のなかで考えられた理想にしたがって、あるべき世界を打ち立てようとするのではなく、存在している理性的な現実の姿を把握することが必要だというのである。「理性的なものは現実的であり、現実的なものは理性的である」という有名なヘーゲルのことばは、このヘーゲルの立場を最も簡明に示していると思われる。

しかし、われわれはこのことばを注意深く理解しなければならない。このことばは、一見したところ、すべて現実に存在するところのものをそのまま理性的なものと考えてそれを肯定すべきである、というような意味に解されうる。そうすれば、ヘーゲルの立場はあらゆるものを、それが現実に存在していれば、そのまま受け入れてしまうものであるということになり、まったく無批判的な現状肯定主義とも言うべきものとなってしまうであろう。もとよりヘーゲルのうちにこのような傾向がまったくないとは言い切れないかもしれない。ましてヘーゲルが、この序文の末尾で「ミネルヴァのふくろう（哲学をさす）は、たそがれがやってくるとはじめて飛びはじめる」と言うとき、そういう印象を与えられるのをどうすることもできない。

しかし、少なくともヘーゲルの本来の意図は決してそうではなかった。ヘーゲルはベルリン時代に出した『エンチクロペディー』の改訂版（すなわち、現在一般に『エンチクロペディー』と称されているもの）第六節のなかで、この「理性的なものは現実的であり、現実的なものは理性的である」ということばに注釈を加え、ここに現実的というのは決してなんでもかでも、たとえばたんなる思いつきとか誤りとか悪とかいうものまで含むようなものではなく、いわゆる現実的なものから偶然的なものを取り除いた本質的なもののみを意味する、と述べている。そうであるとすれば、このことばの意味するところが決してどんなことでもそれが現実に存在すれば認めてしまうというようなことでないことは言うまでもないことであろう。ヘーゲルが肯定するのは現実のうちに存する理性的なもののみなのである。あるいはむしろ、この現実のうちに存する理性的なものを現実的と称しているのである。ヘーゲルが強調しようとするのは、ただ理性的なものは決してわれわれが頭のなかで考えるようなものではなく、現実を支配し現実のうちに実現しているものだということなのである。そしてこのことがヘーゲルの絶対者観からくる当然の帰結であることも、もはや改めて言う必要は存しないであろう。

さて『法の哲学』の本文は緒論につづく、「抽象的な権利ないし法」（以下「抽象法」と略す）「道徳」

「倫理」の三部門より成っているが、この点からもすぐ気がつくように、われわれはヘーゲルの「法」と称するものがきわめて広い意味を持っていることに注意しなければならない。

ヘーゲルの言う「法」とは決してたんなる「法律」ではない。ここで「法」と訳されているRechtということばはもともと「法」という意味を持つのみならず、「権利」「正義」というような意味を持つが、ヘーゲルが『法の哲学』において考察しているのはこの広義におけるRechtなのである。われわれはこの『法の哲学』がヘーゲルの哲学体系のうちの「客観的精神」の箇所の詳説であることを思い起こさねばならない。客観的精神とは、歴史のうちに自己を実現するかぎりでの絶対者であった。言いかえれば、歴史的・精神的なものを支配している理性的法則が客観的精神であると言えるであろう。ヘーゲルはそれゆえ『法の哲学』によってこの客観的な理性的法則をとらえようとしているのである。『法の哲学』はヘーゲルの倫理学なのである。

しかしとにかく、これを倫理学と呼ばず『法の哲学』と名づけたところに、ヘーゲルの思想の特色が存するであろう。倫理学というと、ふつうわれわれは主観的な意志のよさというものを問題にする学問と考えてしまいがちである。ヘーゲルの用語を用いれば、道徳《モラリテート》の立場にほかならない。少なくとも当時のカントやフィヒテによって代表される倫理思想はこのような立場に立つものであった。ヘーゲルが倫理学ということばを用いなかったのもこのためであったのではないであろうか。ヘーゲルはこのような主観的な意志のよさを重んずる立場の限界を認め、現実のうちに実現している客観的な理法を重んじたのである。これがヘーゲルの言う「倫理《ジットリッヒカイト》」（人倫とも訳される）の立場にほかならない。倫理ということばは通常道徳と同じ意味に用いられるが、ヘーゲルの場合には歴史的・精神的世界の客観的理法を意味するのである。

それゆえヘーゲルの『法の哲学』の特色は最後の段階に「倫理」という部門を置いたことに存する。第一段階は「抽象法」であり、第二段階は「道徳」であるが、この二つの段階の区別はすでにヘーゲル以前にも一般的に行なわれていたと言えるであろう。「抽象法」の立場はすべての人間を抽象的な「人《ペルゾーン》」として尊敬し、他人の人格およびそれから生ずるものを害わないということを要求するものであるが、このような立場がただ形式的に他人の権利を侵害するなという適法性《レガリテート》の立場であることは言うまでもない。

カントはこのような適法性の立場がいまだ不十分であることを指摘して、たんに消極的に不法なことをしないばかりでなく、積極的によい意志を持つという道徳の立場を強調したのである。カントの『人倫の形而上学』においても、適法性の立場の「法論」と、道徳性の立場の「徳論」が分けられているのである。そうであるとすれば、この点にかんするかぎり、ヘーゲルは決してカントと異なった独自の思想を示しているわけではない。もとより個々の点の考え方にヘーゲル独自のものがないというのではないが、しかし全体として見るとき、ヘーゲルはカントなどの後を追っているのである。

ところがカントにとっては、道徳の立場が最高のものであった。これに対してヘーゲルにおいては、さらに道徳の立場の限界が指摘され、倫理の立場へと移行してゆくのである。ヘーゲルによれば、道徳の立場は善をなすべしという当為の立場であるが、われわれがいかに良心を重んじても、もしその良心が真の善、すなわち客観的な理法を意欲するものでないならば一つの恣意にすぎなくなる。それゆえ道徳の立場はその限界を有すると言わねばならない。われわれはたんに主観的に善と考えるものを実現しようとするのでなく、真に客観的に善なるものを把握し、それを意欲しなければならない。そしてこれが倫理の立場なのである。このような考え方がはたしてカントなどの立場よりすぐれているかどうかはいろいろ議論の分かれるところであろう。しかし少なくともこの倫理の立場を道徳の立場以上のものと見たところにヘーゲルの独自性が存するのである。

抽象法・道徳・倫理の三段階の関係がいま述べたようなものであるとするならば、この関係は本質的に認識の弁証法的展開を示すものであると言えると思われる。ヘーゲルは決して抽象法的段階が歴史的に存在し、それが道徳的段階に、そして最後に倫理的段階に進んでゆくというように考えているのではない。そうではなくこの三段階的発展は、われわれが「法」の真実態を認識してゆくにあたっての認識の弁証法的展開なのである。われわれはまず抽象法の立場から出発する。しかしその限界を認識することによって道徳の立場に進み、またその限界を認識することによって倫理の立場に進む。そして倫理の立場にいたってわれわれははじめて「法」の真実態の認識に到達するのである。

『法の哲学』とは客観的精神の哲学であり、客観的精神とは歴史的なもののうちに自己を展開する精神であるから、われわれはここでともすればヘーゲルが客観的精神の歴史的展開を取り扱っているのではないかとも考えたくなるであろう。しかしヘーゲルの考えは決してそうではないようである。『法の哲学』のなかでヘーゲルは、ときどき歴史的なことがらにも触れているが、しかしそれはほとんど全体のなかで本質的な意義を持たせられていない。ヘーゲルがとらえようとしているのは、まさに彼がいまやゲルマン国家によって、そして現実にはプロシアによって、完全に実現されつつあると考えた「法」の真実態であり、抽象法・道徳・倫理の展開はこの「法」の認識の展開と考えられねばならない。

私はさきにヘーゲルの弁証法は本来認識の弁証法的展開という意味を持つと述べたが、『法の哲学』はまさにこの本来の意味での弁証法を示しているのである。もとより私は『法の哲学』のうちにこれとは異なった意味での弁証法的思想がはいっていないというのではない。たとえば「倫理」の段階(とくにその序論的部分、および「家族」「市民社会」「国家」のそれぞれの序論的部分)において、家族を普遍に、市民社会を特殊にあて、国家をその両者の統一と考えているが、これなど「概念」の普遍・特殊・個別という契機を家族・市民社会・国家に割りあてたものと言えよう。こうなると、そこには「概念」というものが実体化されて、それぞれの契機が存在的に異なったものにふりあてられていると言わざるをえないようである。しかしとにかく『法の哲学』全体の構成は認識の弁証法的展開を示していると解すべきであると思われる。

もしそうであるとするならば、われわれは『法の哲学』を読むにあたって常につぎのことに注意しなければならない。それは、すなわち前の段階は後の段階に移るとともにまったく否定されてしまうのではないということであり、また、前の段階に述べられていることは後の段階にいたって修正されていることがあるから、ヘーゲルの真意をつかむためには十分慎重でなければならないということである。抽象法の立場は否定されて道徳の立場に移る、そして道徳の立場も倫理の立場へと移行する。しかしこのことは抽象法的考え方や道徳的考え方がまったく誤りだというのではない。それらは倫理の立場においてもいっそう高次の立場から十分生かされているのである。しかしそれだからといってまたたとえば抽象法の段階で述べられていることが必ずしもヘーゲルの思想なのではない。それは後の段階で修正されている場合もある。たとえば犯罪についても§九五と§二一八とでは異なった見解を示しているのである。ヘーゲル自身の弁証法的な思索の展開に注意深くついてゆくことこそ、ヘーゲルの思想の把握の要諦であろう。

私はなおヘーゲルとプロシアとの関係について一言述べておく必要があるであろう。前に述べたようにヘーゲルはプロシア政府によって自己に与えられた使命に忠実であった。そしてまた、プロシアによって真実の国家が実現されるとかたく信じていた。このことからヘーゲルの『法の哲学』はまったくプロシア政府の意を迎え、当時のプロシア国家の現状を肯定する御用哲学であるという解釈も行なわれてきた（たとえばハイムの『ヘーゲルとその時代』）。しかしこのことは必ずしも正しくはないようである。ヘーゲルは決して自己の信念を曲げてプロシア政府に迎合しようとしたのではない。フランス革命の目ざした国民の自由の実現という理想は、ヘーゲルにとってあくまでも歴史の実現すべき理性的な目標と考えられていたのである。ただヘーゲルはこの目標が実現されるためには、近代的な強力な国家が打ち立てられることが必要であると考えたのであり、プロシアこそまさにその国家であると考えたのである。

このように国家というものをあまりに重視したことから、ヘーゲルはついに戦争をも肯定する。しかしヘーゲルは決してたんに迎合的な御用哲学者であったとは言うことはできない。当時のプロシアは決してまだ立憲的な国家ではなかった。またそこにはまだ裁判の公開も存しなければ、出版の自由もなく、法の前の平等ということさえ実現されていなかったという（ローゼンクランツ『ドイツ国民哲学者としてのヘーゲル』による）。しかしヘーゲルは、少なくとも原則的には、これらのことを主張しているのである。ヘーゲルがたんにプロシアの現状の肯定讃美に終わったのでないことは、このことからも明らかであると言わねばならない。

7　後世への影響

ヘーゲルはその活動の最盛期において急死した。彼の周囲には多くの弟子たちによってヘーゲル学派が形成され、その思想は広い範囲に大きな影響を与えつつあった。ヘーゲルは最上のときに死んだのだと言う人もある。

しかしいかなる思想もいつまでも批判を受けずにいるということは決してありえないことである。人間に思想の自由が許されているかぎり、われわれが先行の思想の欠点を批判し、その批判を通じて新しい思想の樹立に努力することは当然のことであろう。ある思想の持つ偉大さというものは、その思想がいつまで批判されずにいたかということによってではなく、むしろそれがどれだけ後世の新しい思想の成立に対して刺激を与えたかということによって示されるとも言いうるであろう。ヘーゲルの場合もまさにそうであった。ヘーゲル哲学そのものの支配的勢力はヘーゲルの死後数年ならずして崩れはじめた。多くの批判はいろいろな立場からヘーゲル哲学に対して加えられた。しかし、それにもかかわらず、ヘーゲル哲学はこれらの批判を通じて成立した新しい思想になんらかの影響を与えているのである。ヘーゲル以後の哲学はなんらかの意味で、ヘーゲル哲学に対する対決から生まれていると言っても過言ではないであろう。

マルクス主義

ヘーゲル哲学の支配権の没落はまずヘーゲル学派内部の動きによってはじまった。一八三五年、ヘーゲル学派のシュトラウスは『イエス伝』を著わしたが、この書を機縁としてヘーゲル学派はいわゆる右派と左派とに分裂していったのである。

元来ヘーゲルの哲学は汎神論的色彩の強いものであった。絶対者は有限者を離れて存するものではなく、有限者の変化のうちに自己を実現するものであった。それゆえ、このヘーゲルの立場が超越的な神を認めるキリスト教的立場と一致するかどうかは大きな問題であると言わねばならないであろう。ヘーゲル自身は一致を確信していたが、しかしこの点はヘーゲル哲学が本質的に含んでいた問題であったと言えよう。シュトラウスはヘーゲル的立場に立ちつつ、超越的神を認めるキリスト教の教義は非哲学的意識の所産であると論じ、福音書に述べられているイエスは決して実在のイエスの像ではなく、当時の人々の非哲学的意識によって作り出された詩にほかならないと言ったのである。

このシュトラウスの考え方はたしかにヘーゲル哲学内部の本質的な問題をえぐり出したものと見ることができるであろう。汎神論的色彩の強いヘーゲルの絶対者というものは、見方によれば、ただたんに有限者の全体というものにほかならないとも言うことができる。変化してゆく有限的世界が絶対者のあらわれであり、この世界を離れて絶対者は存しないとすれば、絶対者とは有限的世界の全体と異なるものではありえないのではないであろうか。そしてそうだとすれば、それをとくに絶対者などと名づけなくてもさしつかえないのではないであろうか。汎神論はそれを徹底すればかえって無神論に通ずるものを持っているのである。

ヘーゲルが絶対者・神という観念に固執したのは、彼が歴史における神の摂理という思想を強く抱いていたからであったと考えられる。たんなる歴史的・有限的世界全体ではなく、この世界を摂理によって支配しているものがあると考え、これを絶対者と考えたのであろう。しかしこのような考え方は、ヘーゲル自身の神秘的形而上学、いわゆる観念論的思想なのではあるまいか。少なくとも、抽象的無限者と有限者との統一という絶対者の規定は、決して必然的にこのヘーゲルの観念論的思想と結びつくものではないと言えよう。われわれはこの絶対者の規定を承認しつつ、なおヘーゲルのような神の摂理という目的論的歴史観を否定することができる。いやむしろわれわれがヘーゲルが絶対者に対して与えた規定をそのまま忠実に取れば、絶対者とはたんに歴史的・有限的世界の全体であり、とくに絶対者と呼ばれるべき意味を持たなくなってしまうはずだと言わねばならない。われわれは前にヘーゲルにおいて絶対的精神と客観的精神との区別がはっきりしていないということを述べたが、このこともそこから生じているのではないであろうか。ヘーゲルにおいて絶対者は客観的精神以上のものでなければならなかった。しかし客観的精神を離れては絶対者は存しえなかったのである。

シュトラウスの投じた一石はこの問題を自覚させたと言えるであろう。ヘーゲルは絶対者にまだ何か超越的性格を与えており、そのため自分の立場がキリスト教と一致しうると考えていたのであろうが、もしもヘーゲルが絶対者に与えた規定に忠実にとどまろうとすれば、超越的な神はかえって否定されねばならず、ヘーゲル哲学はキリスト教と一致しえなくなってしまうのである。こうしてヘーゲル学派は、あくまでもヘーゲル哲学を信奉する右派と、ヘーゲル哲学からその観念論的・形而上学的性格を取り除いてゆこうとする左派とに分裂する。そしてヘーゲル左派の人々はしだいにヘーゲル哲学を批判して急進的立場へ走っていったのであった。

ヘーゲル左派に属する人々のなかで最も有名なのは、言うまでもなく、ルートヴィッヒ・フォイエルバッハとマルクスおよびエンゲルスである。フォイエルバッハはヘーゲルの理性主義的形而上学に反対して、神とはもともと人間が考え出したものにすぎず、したがって哲学は現実に存する人間、すなわち肉体を持ち空間的・時間的に存している具体的な人間から出発しなければならないと主張した。そしてフォイエルバッハのこのような考え方を継いで、ヘーゲルの観念論的立場を逆転させていったのが、マルクス、エンゲルスの弁証法的唯物論にほかならない。

ここではむろんマルクス主義について詳しく論ずるべきではないが、私はただマルクス主義が本質的にヘーゲル哲学の影響の下にあるということを指摘しておきたい。ヘーゲルが啓蒙主義の合理主義やさらにカント、フィヒテ的な立場から離れて、独自の思想を見出したのは、要するに、歴史のうちには人間の主観的な努力によってはどうしようもない客観的な法則が支配しているという確信によってであったと言えるであろう。ヘーゲル独自の絶対者観はこのような思想に基づいてはじめて生じたのであり、そこからまた彼の全哲学体系も組織されたのである。歴史的世界のうちにそれを支配する客観的法則が存するという確信こそ、ヘーゲルの思想の核心であったと言わねばならない。『法の哲学』のことばを用いるならば、「道徳」ではなく「倫理」の重視こそヘーゲル哲学をしてヘーゲル哲学たらしめているものなのである。こう考えてみると、マルクス主義がまったくヘーゲルと同じ根本思想の上に成り立っていることは明らかなのではないかと思う。

マルクス主義の唯物史観によれば、歴史の展開過程は人間の手でどうしようもない客観的な法則によって決定されてゆくのである。エンゲルスの『空想より科学へ』という書物に述べられているように、マルクス主義がサン・シモン、フーリエ、オーウェンなどの社会主義思想を空想的と考え、これに対してみずからの社会主義思想を科学的であるとして誇ったのは、前者がこの歴史のうちの客観的法則を把握していないからであった。「空想的社会主義」はただ現実の資本主義社会の欠陥を非難し、これに対して理想的な社会を頭のなかで考え、この理想を実現しようとするものであるのに対して、「科学的社会主義」は資本主義社会が歴史の客観的な法則によって必然的に没落して、これに代わって社会主義社会が必然的に到来することを主張するのである。

もとより歴史を支配する法則についての考え方においては、ヘーゲルとマルクス主義とのあいだでいちじるしい相違が存することは言うまでもない。ヘーゲルの場合には、それは自由の実現という目的論的法則であったが、マルクス主義の場合には、それは生産力と生産関係とのあいだの矛盾によって生ぜしめられる唯物史観的法則であった。観念論と唯物論の相違がそこに存するのである。しかしそれにしても、両者が本質的に同一の考え方の上に立っていることは否定することができないであろう。マルクス主義もまた、ヘーゲル的に表現すれば、「道徳」でなく、「倫理」の立場に立っているのである。

マルクス主義はヘーゲル哲学からその弁証法という考えを取り入れたとふつうに言われているが、私の考えでは、マルクス主義がヘーゲル哲学から受け継いだのはむしろ根源的にはこの「倫理」重視という考え方である。マルクス主義はたしかに弁証法思想をもヘーゲルから受け入れたが、しかしもしも前に述べたようにヘーゲルの弁証法というものが本来認識の弁証法的展開という意味を持っているとすれば、この意味での弁証法はマルクス主義のうちには、はいっていないと言えるであろう。マルクス主義の受け入れた弁証法は主として歴史が弁証法的展開をしてゆくという歴史の弁証法である。ヘーゲルのうちにも歴史の弁証法という思想があることはすでに触れたとおりであるが、ヘーゲルの場合には弁証法は本来は異なった意味を持っていたのではないかと私は考えている。要するにマルクス主義はヘーゲルから「倫理」重視という考え方を受け継ぎ、その基礎の上に立って歴史の弁証法という思想を取り入れたと言えるのではないかと思われる。

非合理主義と実存主義

ヘーゲル哲学はさらに他の方面からも批判されるにいたった。それはヘーゲル哲学のよって立つ理性主義そのものに対する批判である。

すでにヘーゲルの生前ショーペンハウアーはヘーゲルの理性主義的哲学に反対して非合理主義的哲学を提唱した。ショーペンハウアーによると、世界はヘーゲルの言うように理性的法則によって支配されるものではなく、非合理的・盲目的な生への意志によって動かされるものである。すべてのものは自己を保存しただ生きようとする。われわれが多くの欲望を持つのもこのためであり、この欲望には限りがない。それゆえ、われわれはこれらの欲望をすべて満足させることは原理的に不可能であり、したがってこの世は必然的に苦の世界であるというのである。こうしてショーペンハウアーの有名な厭世観が導かれる。

このショーペンハウアーの哲学はヘーゲルの生前はその盛名のかげにかくれて一般に認められるに

いたらなかったが、やがて一八五〇年代になると一つの有力な思想となった。

また後期のシェリングも、ヘーゲルによって批判された自己の前期の同一哲学の思想を捨てるとともに、ヘーゲル哲学をも否定し、一種の非合理主義的哲学を主張した。

このようにして非合理主義的思想がしだいに勢力を得てきたが、さらに徹底した立場からヘーゲルの理性主義を激しく批判したのが、デンマークの思想家で実存主義思想の祖であるキルケゴールであった。キルケゴールは常にヘーゲルに対する反発を露骨に示しているが、その要点は、ヘーゲルの哲学が世界歴史を支配している理性的法則の存在を確信し、ただこの法則を傍観的にとらえようとしているにすぎないということであった。このようなヘーゲルの考え方からすれば、世界歴史のうちにおいて行為するわれわれ個々人はこの理性的法則によって操られる操り人形にすぎず、そこに「理性の詭計」という考え方が成立することになる。しかしキルケゴールによると、われわれは歴史のうちにおいて常にみずから行為の決断を行なわねばならない。そうすれば、われわれにとっては歴史のうちにどういう法則が支配しているかというようなことは決して第一義的な問題ではないのではなかろうか。われわれはいかに生きるべきかという問題に切実に直面し、みずからの行為について悩まねばならない。ヘーゲル的思惟は、思惟する者自身が歴史のうちに実存しているにもかかわらず、この事実を忘れてしまい、ただひたすらに歴史全体を客観的に考察しようとする。それは思惟者のいない思惟にすぎない、というのである。

このようなキルケゴールの思想がヘーゲル哲学に対する根本的な批判の上に成立していることは言うまでもないであろう。マルクス主義はヘーゲルに存する観念論的形而上学を否定したけれども、

「倫理」の立場を重んずるというヘーゲルの核心的思想は、これを受け継いでいる。歴史を支配する客観的な法則があるということは、マルクス主義においてもまた、その根本的思想なのである。ところがキルケゴールはこのヘーゲルの核心的思想に反対したのであった。「倫理」を重んずるという立場そのものがここでは否定されるのである。キルケゴールの実存主義思想はある意味で、「倫理」の立場からまたふたたび「道徳」の立場に帰るべきことを説いていると言えるのである。

こうしてキルケゴールは真っ向からヘーゲル哲学に反対するのであるが、しかしそれにもかかわらず、キルケゴールの思想も内容的にはヘーゲルからかなり大きな影響を受けているのではないかと思われる。それは、すなわち弁証法という思想によってである。キルケゴールによれば、われわれは真に実存として自己の行為の問題に直面し、いかに生きるべきかを真剣に苦慮するとき、しだいに自己の自覚を深めて、真実の生き方に目ざめてゆくのである。キルケゴールはこの自覚の展開を弁証法と称した。キルケゴール自身はこの弁証法的展開を、美的段階から倫理的段階へ、さらに宗教的段階へという三段階的展開として把握した。このようなキルケゴールの考えのうちにヘーゲルの弁証法思想の影響が見られるということは、おそらくだれの目にも明らかなことであろう。

もとよりキルケゴールとヘーゲルとでは、そのよって立つ根本的地盤そのものがまったく相反しているのであるから、同じく弁証法と言っても、両者のあいだに大きな相違の存することは言うまでもない。ヘーゲルにおいては弁証法とは第一に絶対者を把握するための認識の弁証法であったが、それはまた第二に歴史の弁証法、さらにまた第三に対象のあいだの概念的序列の弁証法という意味をも与えられていた。キルケゴールの弁証法は第二、第三の弁証法でないことはもとより、第一の意味での認識の弁証法でもないと言えるであろう。キルケゴールにとっては絶対者を概念的に認識するというようなことは問題ではなかったのである。彼の問題とするのは、ただ実存としての人間自身の生き方のみであった。それゆえキルケゴールの弁証法は認識の弁証法ではなく、いわば自覚の弁証法、実存の弁証法と言われねばならない。

しかしそれにしても、キルケゴールの弁証法はヘーゲルの認識の弁証法とかなりの親近性を持っている。なぜなら、この両者はいずれも、存在そのもののうちに矛盾的構造があるということを主張するものではなく、ただわれわれ人間の意識の側の弁証法的展開を意味するからである。両者の相違は、ヘーゲルの認識の弁証法が、絶対者についてのわれわれの認識の展開であるのに対して、キルケゴールの弁証法が、いかに生きるべきかということについてのわれわれの自覚の展開であるということに存するのである。

このように見ることができるとするならば、ヘーゲルの哲学は、根本的にはまったく相対立する思想である実存主義にも、実質的に大きな影響を与えていると言えるであろう。ヘーゲル哲学の影響はまことに広くかつ深いと言わねばならない。

プラグマティズム

右に述べたように、ヘーゲル哲学はマルクス主義と実存主義という、現代最も有力な二つの思想に対して大きな影響を与えているのであるが、しかしヘーゲル哲学の影響はこれだけにとどまらない。ヘーゲル哲学とは一見まったく正反対であり、なんの関係もないと思われるプラグマティズムのうちにも、デューイを通してヘーゲル哲学は少なくとも間接的な影響を与えていると考えられる。

デューイがヘーゲルの影響を受けていることは彼自身はっきり認めていることである。彼はある論文（アダムス、モンテーグ共編『現代アメリカ哲学』第二巻中の「絶対主義から実験主義へ」という論文）のなかで、ヘーゲルの「客観的精神」という考え方は、その形而上学的色彩を取り除いた形で、自分に影響を与えたと言い、さらに若いときヘーゲルの「論理学」の演習で自分はヘーゲルのカテゴリーを「再調整」および「再構成」ということばで解釈し直したらどうかということを試みてみたが、やがてこのようにヘーゲル的衣裳をすっかり捨ててしまったほうがはるかによく理解しうることを見出したと述べている。

ここにデューイが「再調整」とか「再構成」と言っているものが、プラグマティズムで重要な役割を演ずる考え方であることは言うまでもない。プラグマティズムは人間を生物学的にとらえるものであり、したがって人間は環境に対して適応してゆこうとするものであると考えるが、人間の認識はこの環境に対する適応を可能ならしめるための道具にほかならないのである。われわれは環境からの刺激に対して絶えず反応してゆかねばならないが、この反応によって環境に対する適応がうまくいっているあいだは、そこになんらの疑いも生じない。ところが、いままでの反応の仕方によっては適応が成功しないとそこに疑いが生ずるのであり、われわれはこの疑いを解決して環境に対する適応を可能ならしめる新しい反応の仕方を求めてゆく。認識はここにその役目を有するのである。しかしこのように新しい反応の仕方を求めるためには、われわれはいままでわれわれの抱いていた考えを再調整し、再構成してゆかねばならない。つまりいままでの考え方に基づいた反応の仕方によっては適応が不可能になったのであるから、われわれはいままでの考え方をなんらかの形で修正して、新しい考え方を行なってゆかねばならない。そしてこの新しい考え方に基づく反応の仕方によって環境に対する適応が可能になれば、ここに疑いは解消し、われわれの認識は以前とは異なったものに展開してゆくのである。認識とはこうして、環境に対する適応を基準として、試行錯誤的過程をたどって展開してゆく、というのがプラグマティズムの考え方である。

このようなプラグマティズムの考え方は、一見したところヘーゲルの弁証法とまったく無関係のように思われるであろう。しかしデューイがヘーゲルの論理学から一つの示唆を読み取ったということは、両者のあいだに意外な親近性の存することを示しているのではないであろうか。もとよりこの場合、弁証法とは認識の展開としての弁証法を意味することは言うまでもない。認識の弁証法は低次の認識から出発して、その限界を自覚することによってしだいに高次の認識へと試行錯誤的に移ってゆくことであった。ヘーゲルの場合には、この認識の弁証法は絶対者の認識を目ざすものであったけれども、しかし絶対者の認識という考え方を取り除いても、認識の弁証法という考え方自体は成立する。われわれがいかなる対象について認識する場合にも、われわれの認識は試行錯誤的なやり方で展開してゆくのである。プラグマティズムはもとより絶対者というようなものは考えない。それは経験論的・科学的立場に立とうとするものである。しかしそれにもかかわらず、認識の弁証法という考え方はここでもまた成立しうるのである。デューイはヘーゲルの論理学からこの点の示唆を汲み取ったのであろう。

もとよりプラグマティズムの思想はデューイによって創始されたものではなく、したがってわれわれはプラグマティズムの思想そのものがヘーゲルの影響を受けていると言うことはできない。しかしデューイはプラグマティストのなかでも最も影響力の多い哲学者であり、そのデューイの思想にヘーゲル哲学の影響が見られるとすれば、われわれはここにもまた現代思想に対するヘーゲルの影響を見出すことができるであろう。

西田哲学への影響

日本の思想界にヘーゲル哲学の影響があらわれたのはそう古いことではない。むろん明治時代においてもヘーゲル哲学に関する論文は若干あるが、その多くはただヘーゲル哲学の理解を目ざすもの、ないしはそれに対していくらかの疑問を提出したものであって、ヘーゲル哲学に同感し、ヘーゲル哲学の影響下に自己の思索を行なったというものは見当たらない。

ヘーゲル哲学の影響を受けたと言うべき日本における最初の人はおそらく紀平正美であろう。紀平ははじめはヘーゲル哲学に対して関心を持ちつつも、むしろこれに対して批判的態度を取っていたが、しだいにヘーゲルの弁証法論理に惹かれ、これを東洋的、とくに禅の立場と結びつけようとし、さらに日本主義的立場に移った。

ヘーゲル哲学に深く影響されながらも、これに対して批判的に対決し、独自の思想を打ち立てたのは西田幾多郎である。西田がヘーゲル哲学に関心を持つようになったのは昭和になってからのことであるが、西田はヘーゲル哲学を批判するとともに、それに対立するものとしてのマルクス主義哲学をも批判し、そこに西田哲学と言われる独自の哲学的立場を見出していったのである。西田哲学はもとよりヘーゲルの弁証法思想を除いては理解することができない。

西田哲学によると、ヘーゲルは歴史の過程を絶対者の自己実現の弁証法的過程として把握したが、しかし歴史的世界とは決してこのようなものではない。歴史はたんに絶対者というような一般者が自己を限定してゆくところに成立するものではなく、そこでは個物、すなわち個々の人間が重要な役割をはたしているのである。個物はたしかに環境という一般者によって限定されるが、しかし個物はまた逆に環境を限定する。ここに個物の自由が存する。このように環境という一般者と個物との相互限定によって歴史というものが成立するというのである。

このような考えから、西田哲学はヘーゲルは歴史のうちにおける個物の役割を認めなかったというところに誤りがあると批判する。この誤りによって、ヘーゲルにおいては、個人というものはたんに歴史を支配する理性によって操られる人形にすぎないこととなってしまうのである。しかし西田哲学によると、マルクス主義もまたヘーゲル哲学と同様の誤りに陥っている。マルクス主義はヘーゲルの観念論的形而上学を否定した。したがって歴史をもって絶対者の自己実現の過程と見る考え方は否定される。しかしマルクス主義においてもやはり歴史の過程は唯物史観的法則によって必然的に決定されていると考えられているのであり、歴史のなかにおいて個人のはたす役割が認められていないことはヘーゲルの場合と同様なのである。

こうして西田哲学はヘーゲルもマルクスも同一の誤りをおかしていると主張する。両者はともに歴史の展開を弁証法的にとらえているが、その弁証法とは一般者自身の展開過程と考えられている。その一般者とはヘーゲルの場合には絶対者であり、マルクスの場合にはいわば社会の経済的基礎とも言うべきものである。しかし真実の歴史の世界はこういうものではない。環境が個物を限定するとともに、個物が環境を限定するということ、西田哲学の表現を用いるならば、一般的限定即個物的限定、個物的限定即一般的限定という矛盾的構造を持つものこそ歴史的世界であるというのである。弁証法はこうして西田哲学においては、ヘーゲルやマルクスの場合のように歴史の過程について言われるものではなく、歴史的世界の構造そのものについて言われることになる。歴史的世界が矛盾的・弁証法的構造を持つと考えられるのである。

このように西田哲学はヘーゲルの弁証法思想の影響を受けつつ、それとは異なった独自の弁証法的思想を打ち立てたのであるが、しかしその弁証法とは歴史的世界という存在のうちに矛盾的構造が存するということであった。したがって弁証法とはここでは矛盾の論理として解されていることは言うまでもないであろう。

ヘーゲル哲学の影響はむろんひとり西田幾多郎の哲学にとどまるものではない。田辺元の哲学、和辻哲郎の倫理学など、いずれも西田哲学の基礎の上に成立しているものであり、したがって当然また弁証法思想を認めているのである。

著作略年表

「　」は論文，講義，講演，『　』は著書を示す．

1755	カント	『天体の一般自然史および理論』
		「形而上学的認識の第一原理の新解釈」
63	カント	「神の存在の論証に対する唯一の可能なる証明根拠」
64	カント	「自然神学および道徳の原則の判明性についての研究」
70	カント	「感性界および叡知界の形式と原理について」
81	カント	『純粋理性批判』
83	カント	『学として現われ得べきあらゆる将来の形而上学に対する序論（プロレゴメナ）』
84	カント	「世界市民的目標における一般歴史考」
		「啓蒙とは何か」
85	カント	『道徳形而上学の基礎づけ』
86	カント	「人類歴史の臆測的起源」
		『自然科学の形而上学的始源』
87	カント	『純粋理性批判』改訂第二版
88	カント	『実践理性批判』
90	カント	『判断力批判』
92	フィヒテ	『あらゆる啓示の批判の試み』
93	カント	『単なる理性の限界内の宗教』
	シェリング	「神話，歴史的伝説，および最古の世界の哲学説について」
94	フィヒテ	『知識学の概念について』
		『学者の使命』
		『全知識学の基礎』（～95）
	シェリング	「哲学一般の形式の可能性について」
95	カント	「永久平和のために」
	シェリング	『哲学の原理としての自我について』
		「独断論と批判論についての哲学的書簡」
96	フィヒテ	『自然法の基礎』（～97）
97	カント	『道徳の形而上学』
	フィヒテ	「知識学への第一序論」

1797	フィヒテ	「知識学への第二序論」
	シェリング	『自然哲学への理念』
98	カント	『学部の争い』
		『実用的見地における人間学』
	フィヒテ	『道徳論の体系』
	シェリング	『世界霊魂について』
99	フィヒテ	「無神論という告発に対する法的な弁明書」
		『ザクセン侯国の没収令によって非難された無神論的な表現についての公衆への訴え』
	シェリング	『自然哲学の体系の第一の企画』
		『自然哲学の体系の企図への序論』
1800	フィヒテ	『人間の使命』
		『閉塞された商業国家』
	シェリング	『先験的観念論の体系』
01	フィヒテ	「知識学の叙述」
		『最新の哲学の真の本質についての一般公衆に対する明快な報告』
	シェリング	「わが哲学体系の叙述」
	ヘーゲル	『フィヒテとシェリングの哲学体系の相違』
02	シェリング	『ブルーノまたはもろもろの事物の神的な原理と自然的な原理とについて』
04	フィヒテ	「現代の特徴」
	シェリング	『哲学と宗教』
06	フィヒテ	『浄福な生への指教，または宗教論』
07	フィヒテ	「ドイツ国民に告ぐ」
	ヘーゲル	『精神現象学』
09	シェリング	「人間的自由の本質およびそれと関連する諸対象についての哲学的研究」
11	シェリング	「世代」
12	ヘーゲル	『論理学』（～16）
17	ヘーゲル	『哲学的諸学問のエンチクロペディー』
21	ヘーゲル	『法の哲学』
27	シェリング	「哲学的経験論の叙述」（～36）
		「近世哲学史」
		（この頃よりベルリン時代にかけて）「神話の哲学」「啓示の哲学」

解説

坂部　恵

カントからフィヒテ、シェリングをへてヘーゲルにいたる哲学の流れは、通常、ドイツ観念論哲学の名のもとに知られている。それは、いうまでもなく、ドイツ哲学の歴史において、もっとも輝かしく生産的な時代を形づくるものであり、また、近世以後の、あるいはそう限定せずとも西洋哲学の歴史全体を見わたしてみても、もっとも目立ちやすい高峰の一つをなすものにほかならない。

ところで、以上の点はまず何びとも異論のないところとして、このいわゆるドイツ観念論の、カントからヘーゲルにいたる一連の流れの展開のありようを、どのように位置づけ、評価するかとなると、従来の見解は、もう大きく、極端にいえば真二つに、分れてくる。単純に図式化していえば、カントからヘーゲルにいたる流れを、ときにそれ以後のマルクス主義や実存主義の哲学の展開ともにらみあわせながら、近世的人間とその世界観の自覚における進歩発展とみるか、それとも、逆に、人間の有限性の批判的自覚から、ふたたびそれを忘却した神秘的・観念的形而上学への逆もどりの過程とみるかという、あい対立する二つの見方に分れてくるのである。

このうち、とりわけ後者の見解を取る場合には、ことは、しばしば、ドイツ観念論の内部での展開という問題の枠を超えて、ドイツ観念論の哲学の全体としての評価という問題にまでかかわってこざるをえない。本書のヘーゲルに関する章の冒頭にも書かれてあるように、とりわけ英米の経験論的哲学者の間には、カントはともかく、フィヒテ、シェリング、とくにヘーゲルの哲学に対しては、ときに反発や無視にまでおよぶ、非常に低い否定的評価を下すひとがすくなからず見受けられる。

以上のようなわけで、文字通り教科書的に、従来の標準的なそれもドイツのあれこれの哲学史教本の叙述をなぞるのならばともかく、一歩立ち入って、自分自身の言葉で、自分自身の一貫した見方をつらぬきながら、ドイツ観念論の哲学全体について、一方的な見方に偏することなく、穏健中正な、筋道のきちんと立った展望をあたえるということは、一見しておもわれるよりもはるかにむずかしい、ほとんど至難といってもよいわざを要することになるのである。

本書におさめられた諸論稿は、まさにこの至難のわざを要する課題を、一つの仕方で、見事に成し遂げ、全体として、筋道のはっきりと立った展望を打ち出しているといってよい。いわゆるドイツ観念論の哲学は、そこで、従来のかずかずの偏った見方による蔑視にもとらわれず、同時にまた、盲目的な過大評価をもさっぱりと洗い去った眼をもって、確固とした枠取りのなかに、明快な位置づけを与えられている。

もちろん、ここで採用された見方の枠取りに対しては、さまざまな立場からする批判の余地が存するると思われる。しかし、とくに初心の読者は、さしあたり、一見平明な淡々とした叙述の背後に一貫して流れる著者の思考の強靭さを見逃すことのないよう、そしてそこから何事かを学ぶよう、まず留意されるべきであろう。

さて、本書の著者のカントからヘーゲルにいたる哲学の展開に対する見方は、さきにあげた二つの見方、すなわち、この展開をヘーゲルでの大成へ向けての進歩とみるか、それともフィヒテからヘーゲルにいたる哲学をカント以前のいわゆる独断的形而上学への逆もどりと評価するかという、そのいずれの側にもくみするものではない。むしろ、この二つの見方を性急に二者択一的なものと見なすことなく、それぞれの長所を生かし、またそれぞれに対して批判的にほどよい距離をとりつつ、二つながら同時に成り立つような道をさぐり出し、その見方の上に全体の展望を立てているところに、著者のかならずしも目立たぬながらじつはきわ立った独創が存するといってよい。

このような展望は、一つには本書の著者が、ある意味ではきわめて大胆に、一つの明快な立場を打ち出し、根底においていることによって可能ならしめられていると考えられる。それは、一言でいえば、あくまで人間の有限性を自覚しつつ有限者の立場に徹し切り、したがってまた、それがどのような領域にかかわるものであるにせよ、ある特定の見解や知識を絶対化することなく、具体的な生活的・歴史的実践のただなかにおいて、たえず批判的吟味にさらしながら、開かれた姿勢を持して行こうとする実践的立場にほかならないということができる。

このような枠組の中で、さしあたっていえば、カントの哲学は、とりわけ人間の有限性とそれにもかかわらず存するその積極性の自覚という観点から、また、ヘーゲルの哲学は、そこから神秘的・観念的形而上学や汎論理主義の色彩を徹底的にのぞき去って、とりわけ、有限者でありながらその都度の全体にかかわらざるをえない人間の実践の開かれた弁証法的性格の観点から、評価され、それぞれの長所と短所を明確に見さだめつつ、批判的に位置づけられることとなる。読者は、このいわゆるドイツ観念論哲学についての徹底的にあらゆる意味で観念的ないし「観念論的」でない叙述を通して、カントからヘーゲルにいたる一連の哲学が、思いがけず新鮮な姿をとってよみがえる現場に立ち会われることになるはずである。

本書の著者の以上にみたような明確な立場は、本書におさめられた諸章のうちでも、とりわけ、最後に置かれた、分量からいっても一番大部の力作であるヘーゲルに関する章において、もっとも鮮明にあらわれていることは、一読して、読者のだれもが感じられるところであろう。

「それゆえ私はこの解説のなかでかなり思いきって私の主観的な解釈を述べざるをえなかった。主観的解釈といっても、私自身はむろんこれをヘーゲル哲学の〈客観的〉解釈であると信じているのであるが、ヘーゲル哲学の絶対者観について、あるいはヘーゲル哲学の方法である弁証法について、そこには一般のヘーゲル解釈とのあいだに多少の相違がある。」

このように述べて、著者は、従来の一般的なヘーゲル解釈にたいして自己の占める位置をはっきりと見定め、自己の信念を明確にした上で、ヘーゲル哲学の具体的な叙述へと入って行く。そこでは、「神秘的解釈をできるだけ除き去」りながら、たとえば、普遍―特殊―個別を総合した「具体的普遍」としての、また真無限としてのヘーゲルのいう絶対者は、何か摩訶不思議な神秘的なものとしてではなく、「たんに歴史的・有限的世界の全体」として見定められることになり、また、弁証法は、このような意味での絶対者を認識するための認識の弁証法として、完結した目的論的認識にともなう「歴史の弁証法」や自然哲学その他に見られる汎論理主義的な「対象のあいだの概念的序列の弁証法」の側面を捨象しつつ理解されるべきものとされることになる。とりわけ、この弁証法についての理解を述べた一節は、著者のヘーゲル理解の核心をなす年来の主張をあらためて力強く簡潔に叙述したものとして、ヘーゲルの章全体の、またある意味では本書全体の中心をなす部分とみなすことができるであろう。

以上にみた部分のほかにも、ヘーゲルをあつかった章のなかには、一見さり気ない叙述のなかに、かずかずのユニークな見方がちりばめられているのだが、その一つ一つをひろい上げ味読する楽しみは読者にゆだねておくことにしよう。ただ、ほんの二、三、どうしても見過しえぬ点だけを指摘しておくことにすれば、まず、章のおわりの部分、ヘーゲル哲学の後世への影響を述べたところで、マルクス主義、実存主義、西田哲学などおなじみのものとならんで、「ヘーゲルの〈客観的精神〉という考え方は、その形而上学的色彩を取り除いた形で、自分に影響を与えた」というデューイのことばを引きながら、通常はあまり注目されることのないデューイへの影響がことさら大きくとりあげられていることは、ドイツ観念論と並んで現代英米の哲学に対する著者の深い関心と共感をおもいあわせるとき、興味深い点であるといえよう。

また、これは、ここでおそらくはすくなからぬ共感をもってデューイの解釈を引くことで暗にいわば二重写しの形で示されている本書の著者自身の「客観的精神」解釈とも深く関連することがらなのだが、著者が、通常は「人倫」と訳される Sittlichkeit の語に対して、ことさら「倫理」という訳語をあてていることは、とりわけ注目されてよい点と考えられる。なぜなら、このことは、著者が「倫理」というものを、本来いわゆる個人的な倫理・道徳としてではなく、人間のたんなる主観的努力のみによってはどうしようもない客観的な法則に支配される歴史的世界の全体との弁証法的なかかわりとしてとらえていること、そのことが、また、カントの個人的道徳を批判しそれを超える道を示したヘーゲルへの著者の深い共感の裏うちをなしていることを示していると考えられるからである。

このことは、また、さきにも触れた後世へのヘーゲル哲学の影響を述べた箇所における、マルクス主義の歴史の客観性重視と、キルケゴールらの実存主義における個人的決断の重視という二つの契機を、それぞれに重んじ、またそれぞれを絶対化しないかぎりにおいて二つながら認め、生かして行こうとする著者の姿勢にも通じてくるものにほかならぬことは、あらためていうまでもなくあきらかであろう。

ヘーゲル哲学の解釈にみられる以上のような透徹した姿勢は、見方によってはヘーゲル以上に神秘的解釈になじみやすいと考えられるフィヒテやシェリングの哲学を取り上げた章においても、おなじく一貫してつらぬかれ、この両者の哲学からいわば神秘の衣を取り去って、人間としての素顔を浮び上らせるという形で、はっきりと示されている。詳細については、本文の明快な叙述をご覧いただくことにして、ここでは、たとえば、フィヒテのいう絶対的自我を、かならずしも神的・無限的自我として解されるべきものではなく、人間の自己意識と解されるべきものであるとし、それは、また、後期のフィヒテにおいては絶対者へと転じて行くものであるとする著者の指摘が、とくに宗教的傾向を深めて行く後期のフィヒテについての叙述においては、一見なにげない紹介的祖述のようにみえながら、じつは、すでに見たヘーゲルの絶対者についての著者の理解と同質の見方を背後にひそめながら進められていることを指摘するにとどめよう。総じて、フィヒテやシェリングの哲学のもつ宗教的傾向についての著者の淡々としてはいるがけっして冷淡とはいえぬ叙述には、宗教的信仰には一線を画しながらも、個人の主観によってさしあたり性急にはどう動かすこともできぬ世界全体の大きな動きを前にしての著者のほとんど敬意に近い謙虚さの姿勢が、はるかにこだましているようにおもわれる。フィヒテやシェリングの哲学について、カントを受継いで発展させつつヘーゲルでの展開と開花を準備するものとして従来一般に位置づけられてきた両者それぞれの前期の思想よりも、そのような過渡的思想家としての枠におさまり切れず、むしろヘーゲル以後の、とりわけ実存主義の哲学にはるかに連なって行く側面を多く含むこれまた両者それぞれの後期の思想をとりわけ重んじる比較的最近の研究動向への著者の慎重ではあるがあたたかい理解も、また、すでに触れた実存哲学に対する一定の評価とともに、右にみたような著者の基本的姿勢に由来するものとみることができよう。

さて、期せずして本書の順序を逆にたどって、冒頭に置かれたカントについての叙述に触れるべきところへ来た。しかし、この点については、ことさらなコメントを加える必要はほとんどないようにおもわれる。カント哲学についての叙述は、叙述の対象が、おそらくは、有限者としての人間の自覚と、実践的立場の重視、という著者の基本的姿勢にもっとも親和性の強いものであること、あるいは、むしろより正確にいえば、この基本的姿勢そのものが、著者のカントとの長年にわたる度重なる対話を通じて形成されたという側面を多くもっていることの結果として、本書の他の章の叙述にくらべて、とりわけて自然な、無理のないものとなっているからである。ここでは、ただ、カントの章の冒頭に置かれたカント哲学の背景と意図についての簡潔で明快な叙述が、近世初頭以来のカントの哲学の登場にいたる哲学史の状況の大枠を示して、カントについての章のみならず、本書全体へのよき導入の役を果していることだけを指摘しておこう。

＊

本書の著者岩崎武雄先生は、一九七六年十月二十日に急逝された。

本書は、先生が生前カントからヘーゲルにいたるドイツ哲学について執筆された論稿を一書の形にまとめたものである。書物の形にまとめるについての論文の選択、また配列構成などの仕事の一切は先生の高弟である埼玉大学教授伊藤勝彦氏がもっぱらこれにあたられた。なお、おのおのの章の初出はつぎの通りである。

第一章　カント
1〜2　思想学説全書4『カント』（一九五八年、勁草書房）序論「カント哲学の背景と意図」および第1章「カントの生涯と著作」
3〜7　世界の大思想16『カント〈下〉』（一九六五年、河出書房新社）解説「カントの思想」
第二章　フィヒテ
世界の名著・続9『フィヒテ　シェリング』（一九七四年、中央公論社）解説「フィヒテとシェリングの生涯と思想」
第三章　シェリング（同右）
第四章　ヘーゲル
世界の名著35『ヘーゲル』（一九六七年、中央公論社）解説「ヘーゲルの生涯と思想」

見られる通り、各稿は、本来独立の解説として書かれたものであり、一書の形にまとめることをあらかじめ意図した上で執筆されたものではない。もし先生が生きておられたとすれば、仮にこの種の書物を企画されたとしても、最低限初出の草稿にかなりの加筆修正を加え、各章のつながり具合にも考慮をはらうことをされたであろう。現に見られるような形で書物が日の目を見ることは、おそらく先生の本意ではなかったにちがいないのだが、今となっては悔んでもすべのないことである。

しかし、この解説を草するためにあらためて各稿をまとめて通読してみて、わたしは、透徹し一貫した先生の姿勢が全体を見事につらぬき、この上何をつけ加えるまでもなく一書としての緊密なまとまりをおのずからそなえしめていることに一驚した。当初は、各章につなぎをつけるべき多少の補いをと考えていたのだが、見られる通り全体をつらぬく先生の姿勢について、初心の読者に多少の注意をうながす以上の仕事は、解説者に残されていなかった。

単行本になったものだけをあげてみても、『カントとドイツ観念論』(一九五一)、『弁証法』(一九五四)から『カント』(一九五八)をへて『カント「純粋理性批判」の研究』(一九六五)にいたるカントからヘーゲルにいたるドイツ哲学についての先生の長年の深い関心と研究を思うとき、この蓄積をふまえ、新たな材料と見解とを加えて書き下された本書所収の各稿が、一つに集められてみると、おのずから強固なまとまりを示すのは、当然のことであるかもしれない。ともあれ、ここに、われわれは、わが国におけるいわゆるドイツ観念論の移入と研究の歴史の中で、ひときわユニークな一つの書物を加えたことになる。なお多くの仕事の計画を抱きながら、おそらくは道なかばのおもいを抱いて逝かれた先生のそれがたとえ本意ではないにしても、われわれは現に見る形の書物が残されたことを今は大きなよろこびとしなければならない。

全体をあらためて通読するうちに、たとえば、ドイツの学生団体であるドイッチェ・ブルシェンシャフトの純粋ではあるがいささか性急な心情倫理とそれへのヘーゲルの批判についての度重なる言及に、先生が学部の要職にあって文字通り身を挺してかかわられたいわゆる学園紛争に対する感慨がひかえ目な形であるが二重写しになっていることをあらためて想起し、また、歴史のうちには人間の主観的努力によってはどうしようもない客観的な法則が支配しているというヘーゲルの見解への一定の共感に、生前あまりみずからを語ることを好まれなかった先生が何かの機会にふともらされた戦争体験がおそらくはなにほどかかかわっているであろうことにおもいいたって、平穏とはとてもいえない時代を誠実に生き通し、生き通すことを通じて思索した（わたしにとっては師でもある）ひとりのひとを身近から失ったという実感があらためて胸に迫った。

「ある思想の持つ偉大さというものは、その思想がいつまで批判されずにいたかということによってではなく、むしろそれがどれだけ後世の新しい思想の成立に対して刺激を与えたかということによって示されるとも言いうるであろう。」

本書のおわり近くで、先生はこう述べておられる。本書に示されたような先生の思想が若い世代のひとびとに広く親しまれ、本当に新しい思想の成立に刺激を与えるのは、むしろこれからのことのようにおもわれる。

（さかべ・めぐみ　東京大学文学部教授）

著者略歴

1913 年　東京都に生れる.
1936 年　東京大学文学部哲学科卒業.
1952 年　文学博士.
1956 年　東京大学文学部教授.
1974 年　東京大学名誉教授.
1976 年　逝去.

主要著書

『カントとドイツ観念論』(1951 年, 有斐閣)
『西洋哲学史』(1952 年, 有斐閣)
『弁証法』(1954 年, 東京大学出版会)
『カント』(1958 年, 勁草書房)
『カント『純粋理性批判』の研究』(1965 年, 勁草書房)
『倫理学』(1971 年, 有斐閣)
『真理論——哲学体系第一部』(1976 年, 東京大学出版会)
『存在論・実践論——哲学体系第二・三部』(1977 年, 東京大学出版会)
『岩崎武雄著作集』全 10 巻 (1982 年, 新地書房).

カントからヘーゲルへ　新版

1977 年 8 月 25 日　初　版第 1 刷
2012 年 5 月 11 日　新装版第 1 刷
2023 年 9 月 25 日　新　版第 1 刷

[検印廃止]

著　者　岩崎武雄

発行所　一般財団法人　東京大学出版会

代表者　吉見俊哉
153-0041 東京都目黒区駒場 4-5-29
https://www.utp.or.jp/
電話 03-6407-1069　Fax 03-6407-1991
振替 00160-6-59964

印刷所　大日本法令印刷株式会社
製本所　誠製本株式会社

ISBN 978-4-13-013153-7　Printed in Japan